精神保健福祉士国家試験

合格一問一答

【新出題基準対応版】

専門科目

中央法規

はじめに

精神保健福祉士国家試験が変わります。皆さんが受験される第27回試験（2025年2月上旬実施予定）からです。試験科目が変わり、問題数が変わり、試験時間も変わります。「新出題基準」といわれるものです。

次回からの試験を境に精神保健福祉士の資格を取るために必要とされる知識が一変するわけではありません。しかし、出題基準の構成（大項目・中項目・小項目）や、それぞれの項目が扱う内容とその範囲が変わります。はずされた内容と新しく登場した内容もあり、効果的な学習を行うためには「新出題基準」に対応した受験対策書が不可欠です。

本書はそのために開発した「新出題基準対応版」となります。過去の国家試験で出題され、新試験でも重要な位置を占めると考えられる内容はもれなく押さえ、新出題基準で初めて登場する内容は知識としての重要度に優先順位をつけて取り入れました。重要な知識を簡潔に覚えることと、その知識を問題として解くことを両立させるため、短文の「一問一答」形式を採用しています。何度も解いて、問題文・解答文をそのままインプットすると、高い学習効果が得られるでしょう。各科目の最後には、覚えておくと試験問題が解きやすくなる「用語一覧」も収載しています。

誰にとっても新しいチャレンジとなる新試験に皆さんが1回で合格できるよう応援しています。頑張ってください。

2024年6月

中央法規精神保健福祉士受験対策研究会

目　次

第4章 ソーシャルワークの理論と方法（専門）

第5章 精神障害リハビリテーション論

第6章 精神保健福祉制度論

本書の使い方

ポイント1

短文だから解きやすい！
「問い」がわかる！

ポイント2

赤シートで隠して解答。正誤の分かれ目は色文字で確認！

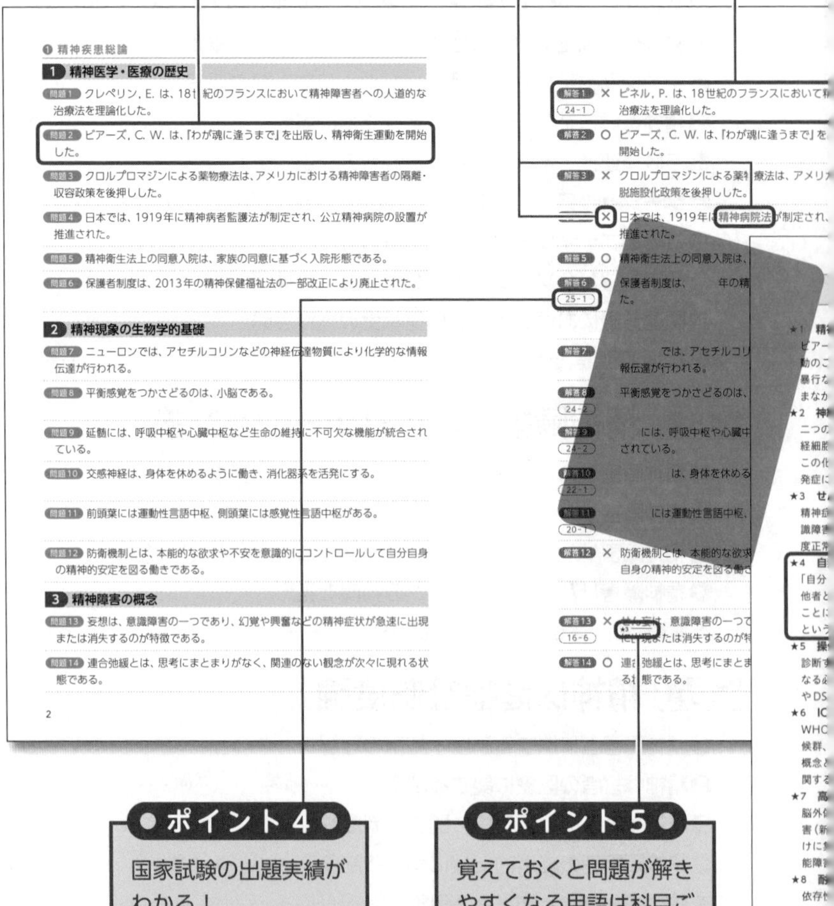

❶ 精神疾患総論

1 精神医学・医療の歴史

問題1 クレペリン, E. は、18世紀のフランスにおいて精神障害者への人道的な治療法を理論化した。

問題2 ビアーズ, C. W. は、『わが魂に逢うまで』を出版し、精神衛生運動を開始した。

問題3 クロルプロマジンによる薬物療法は、アメリカにおける精神障害者の隔離・収容政策を後押しした。

問題4 日本では、1919年に精神病者監護法が制定され、公立精神病院の設置が推進された。

問題5 精神衛生法上の同意入院は、家族の同意に基づく入院形態である。

問題6 保護者制度は、2013年の精神保健福祉法の一部改正により廃止された。

2 精神現象の生物学的基礎

問題7 ニューロンでは、アセチルコリンなどの神経伝達物質により化学的な情報伝達が行われる。

問題8 平衡感覚をつかさどるのは、小脳である。

問題9 延髄には、呼吸中枢や心臓中枢など生命の維持に不可欠な機能が統合されている。

問題10 交感神経は、身体を休めるように働き、消化器系を活発にする。

問題11 前頭葉には運動性言語中枢、側頭葉には感覚性言語中枢がある。

問題12 防衛機制とは、本能的な欲求や不安を意識的にコントロールして自分自身の精神的安定を図る働きである。

3 精神障害の概念

問題13 妄想は、意識障害の一つであり、幻覚や興奮などの精神症状が急速に出現または消失するのが特徴である。

問題14 連合弛緩とは、思考にまとまりがなく、関連のない観念が次々に現れる状態である。

2

解答1 × ピネル, P. は、18世紀のフランスにおいて精…治療法を理論化した。 24-1

解答2 ○ ビアーズ, C. W. は、『わが魂に逢うまで』を…開始した。

解答3 × クロルプロマジンによる薬物療法は、アメリカ…脱施設化政策を後押しした。

× 日本では、1919年に精神病院法が制定され、…推進された。

解答5 ○ 精神衛生法上の同意入院は、…

解答6 ○ 保護者制度は、　年の精… 25-1 た。

解答7 　では、アセチルコリ…報伝達が行われる。

解答8 平衡感覚をつかさどるのは、… 24-2

解答9 　には、呼吸中枢や心臓中…されている。 24-2

解答10 　は、身体を休める… 22-1

解答11 　には運動性言語中枢、… 20-1

解答12 × 防衛機制とは、本能的な欲求…自身の精神的安定を図る働き…

解答13 × …は、意識障害の一つで…に出現または消失するのが特… 16-6

解答14 ○ 連合弛緩とは、思考にまとま…る状態である。

28

ポイント4

国家試験の出題実績がわかる！
例：第25回問題1

ポイント5

覚えておくと問題が解きやすくなる用語は科目ごとに解説を別掲！

本書は、新試験を効率よく攻略できるように、①過去問に出題実績のある重要な知識と、②新出題基準で新しく登場した要チェック項目から厳選した「一問一答」形式の問題集です。

ポイント3

簡潔な正文だから知識が頭に入る！

ポイント6

解答に★がついている重要語句はここで学習！

ポイント7

内容はテキスト（養成講座）に準拠。だから安心！

1 精神医学と精神医療

道的な

運動を

害者の

設置が

が解きやすくなる用語一覧

が魂に逢うまで』(1908年)の出版に端を発した当事者運
時のアメリカの精神科病院内の、職員による日常的な
。しかしながら、1960年代までは本格的な脱施設化は進

ーロン)の境目で形成されるシナプスにおいて、一つ目の神
は、化学物質によって二つ目の神経細胞へと伝えられる。
総称して神経伝達物質といい、統合失調症やうつ病などの
神経伝達物質の過不足が関与していると考えられている。

など)が急速に出現または消失する、一過性かつ可逆的な意
後、術後、各種治療薬の使用後などに生じることがある。一
機能が持続的に低下していく認知症とは異なる。

自分のものである」という能動意識の障害のこと。自己と
「自己の心の活動が他者の脳内で行われている」と感じる
という存在が、心と身体と脳を統合した一人の人間である

ている国や地域にかかわらず、同じ状態なら同じ診断名に
う要請から改良が重ねられてきた診断方法のこと。ICD-10
断が、その代表例である。

が作成する国際疾病分類で、2022年1月に発効。緊張病症
性PTSD、身体完全性違和、ゲーム症(障害)が新たな疾患
、また、性同一性障害は「精神障害」ではなく、「性の健康に
れた。

残る認知機能障害や行動障害のこと。具体的には、記憶障
られない)、注意障害(全体の様子に気を配ったり、手元だ
との切り替えやコントロールがうまくできない)、遂行機
て段取りよく物事に取り組むことができない)などがある。

ルコールや覚醒剤などの精神作用物質)や行為(ギャンブル
慣れること。耐性が形成されると、依存対象から得られる

効果が減弱するため、同様の効果を得るためには使用量を増やさなければならない。

★9 **陰性症状**
陽性症状がやや治まってから明らかになる感情鈍麻や意欲低下などの精神症状のこと。健常者であればあるはずのものがみられない。抗精神病薬が治療に用いられることもある。

★10 **陽性症状**
統合失調症の急性期に出現する幻覚妄想や奇異行動などの精神症状のこと。健常者であればみられないはずの言動や訴えがみられる。抗精神病薬による治療対象となる。

★11 **統合失調症（の予後）**
急性発症、DUP（精神病未治療期間）が短いこと、脳の脆弱性が低い（より強いストレスがかかっても耐えることができる）と推定される場合のほうが、予後がよいとされている。より若い年齢で発症したり、誘因がないにもかかわらず発症したりした場合は、それだけ脳の脆弱性が高い（ストレスに耐える力が弱い）と推定されるため予後不良である。

★12 **微小妄想**
うつ病にしばしばみられる思考障害のこと。経済的な不安を訴える貧困妄想、重大な罪を犯したことや罰を受けていることを訴える罪業妄想、深刻な病に罹患していることを訴える心気妄想などがある。

★13 **心理的ディブリーフィング**
心的外傷体験の直後に、その生々しい体験を積極的に語らせること。PTSD（心的外傷後ストレス障害）発現の予防にはならないため、現在は行わないこととされている。

★14 **生物心理社会モデル**
精神疾患がもたらす問題状況は、生物的側面、心理的側面、社会環境的側面が相互に関連しあうことで生じていると捉え、これら三つの側面に総合的にアプローチすることで解決を図ろうとする考え方のこと。決まった順序や方法はなく、本人の希望やそのときの状況に応じて必要な支援を行う。

★15 **錐体外路症状**
抗精神病薬による代表的な副作用のこと。振戦や動作緩慢などのパーキンソニズム、四肢を落ち着きなく動かしたり足踏みをしたりするアカシジア、頸部や舌などに筋の収縮や捻転などが認められるジストニア、体幹や口唇などに反復性で目的のない非自発的な運動がみられる遅発性ジスキネジアなどがある。

★16 **賦活症候群**
SSRI（選択的セロトニン再取り込み阻害薬）による副作用の一つ。具体的な症状としては、不安、パニック発作、易刺激性、衝動性、躁状態などが挙げられ、自殺関連事象の危険性を高めることがある。これらの症状がみられた場合には、速やかに原因薬剤の減薬や中止を行うが、急激な減薬や中止は退薬症状（めまい、頭痛、

1 精神医学と精神医療

29

合格するための勉強法

〔国家試験で問われること〕

試験問題では、「理解」と「記憶」が問われます。「理解」とは、物事とその背景、今に至るまでの流れなどをつかむことです。「記憶」とは、物事を定義している具体的な知識を保持していることです。この「理解」と「記憶」が問題を通して試されるのが国家試験です。精神保健福祉士になるにふさわしい力をもっているか否かが問われます。

〔具体的な勉強方法〕

国家試験に合格するために、重要なことが二つあります。一つは、知識を正確に記憶していること、もう一つは、もっている知識をすぐに頭から取り出せることです。この二つを身につけるには、どのように勉強をすればよいのでしょうか。

❶知識を正確に記憶している状態をつくる

まず、知識を正確に記憶するには、「記憶する」という作業をとにかく何度も反復することです。見る（読む）＝reading、書く＝writing、聴く＝listeningなど、自分に合った方法で繰り返すのが有効です。本書のような一問一答形式の問題集は、この「繰り返し学習」に適しています。

❷知識を頭からすぐに取り出せるようにする

次に、知識を頭からすぐに取り出せるようにするには、過去問や模擬問題を解くことが効果的です。重要なのは、単に正解するだけではなく、五つの選択肢すべてについて正答または誤答の理由を説明できるように解くことです。そうすることで、問題として出題された事柄への「理解」を深めることができます。

この方法で勉強を進めていくときに重要なのは、過去問や模擬問題の「理解（読解）」と一つひとつの知識の「記憶」をセットにして取り組むことです。そうすることで、問題のなかに示される事柄への「理解」と、正答を選択するのに必要な知識の「記憶」が同時に進んでいきます。

〔学習計画の立て方～試験日に向けて〕

さて、勉強に取りかかる前に、最初にすべきことは「学習計画を立てる」ことです。ポイントは「具体化する」ことです。たとえば「一日に5問解く」というように、どの程度の時間で何にどのくらい取り組むのかを具体的に決めます。

一日当たり何にどのくらい取り組むかは、試験の前日までに何をどのくらい終えておきたいかという全体量から逆算します。過去問3年分（旧科目の問題数で489問）を3回解いてから試験に臨みたいのであれば、489問×3回で1467問を解くことになります。この数を試験前日までの日数で割ると、一日当たりにやるべき量の目安がみえてきます。

勉強の機会を日常生活のルーティンに組み込むことも計画づくりの一つです。「寝る前には何か一つ知識を増やす」といったスモールステップも、積み重ねれば頑丈な知識の基盤となります。このような場面で使いやすいのも一問一答形式のメリットです。

今日この日から試験前日までをどのように過ごすのかによって、試験当日の朝の気持ちは大きく違ってきます。「きっと大丈夫」というポジティブな気持ちでその朝を迎えるために、一日一日を計画的に積み重ねていきましょう。

〔試験当日の心構え〕

そのような日々をどれだけきちんと積み重ねたとしても、試験本番では緊張するものです。その緊張感は、これまで努力を積み重ねてきたことの証です。緊張してきたら、そのことを誇らしく思って胸を張ってください。そして、「私は積み重ねてきた。だから大丈夫」と自分に言ってあげましょう。試験が始まったら、目の前の問題だけを見て余計なことは考えず、落ち着いて頭を働かせることに集中しましょう。

第 1 章

精神医学と精神医療

1 精神医学・医療の歴史

問題1 クレペリン，E. は、18世紀のフランスにおいて精神障害者への人道的な治療法を理論化した。

問題2 ビアーズ，C. W. は、『わが魂に逢うまで』を出版し、精神衛生運動を開始した。

問題3 クロルプロマジンによる薬物療法は、アメリカにおける精神障害者の隔離・収容政策を後押しした。

問題4 日本では、1919年に精神病者監護法が制定され、公立精神病院の設置が推進された。

問題5 精神衛生法上の同意入院は、家族の同意に基づく入院形態である。

問題6 保護者制度は、2013年の精神保健福祉法の一部改正により廃止された。

2 精神現象の生物学的基礎

問題7 ニューロンでは、アセチルコリンなどの神経伝達物質により化学的な情報伝達が行われる。

問題8 平衡感覚をつかさどるのは、小脳である。

問題9 延髄には、呼吸中枢や心臓中枢など生命の維持に不可欠な機能が統合されている。

問題10 交感神経は、身体を休めるように働き、消化器系を活発にする。

問題11 前頭葉には運動性言語中枢、側頭葉には感覚性言語中枢がある。

問題12 防衛機制とは、本能的な欲求や不安を意識的にコントロールして自分自身の精神的安定を図る働きである。

3 精神障害の概念

問題13 妄想は、意識障害の一つであり、幻覚や興奮などの精神症状が急速に出現または消失するのが特徴である。

問題14 連合弛緩とは、思考にまとまりがなく、関連のない観念が次々に現れる状態である。

解答1 ✕ ピネル, P. は、18世紀のフランスにおいて精神障害者への人道的な治療法を理論化した。
24-1

解答2 ○ ビアーズ, C. W. は、『わが魂に逢うまで』を出版し、精神衛生運動[★1]を開始した。

解答3 ✕ クロルプロマジンによる薬物療法は、アメリカにおける精神障害者の脱施設化政策を後押しした。

解答4 ✕ 日本では、1919年に精神病院法が制定され、公立精神病院の設置が推進された。

解答5 ○ 精神衛生法上の同意入院は、家族の同意に基づく入院形態である。

解答6 ○ 保護者制度は、2013年の精神保健福祉法の一部改正により廃止された。
25-1

解答7 ✕ シナプスでは、アセチルコリンなどの神経伝達物質[★2]により化学的な情報伝達が行われる。

解答8 ○ 平衡感覚をつかさどるのは、小脳である。
24-2

解答9 ○ 延髄には、呼吸中枢や心臓中枢など生命の維持に不可欠な機能が統合されている。
24-2

解答10 ✕ 副交感神経は、身体を休めるように働き、消化器系を活発にする。
22-1

解答11 ○ 前頭葉には運動性言語中枢、側頭葉には感覚性言語中枢がある。
20-1

解答12 ✕ 防衛機制とは、本能的な欲求や不安を自動的にコントロールして自分自身の精神的安定を図る働きである。

解答13 ✕ せん妄[★3]は、意識障害の一つであり、幻覚や興奮などの精神症状が急速に出現または消失するのが特徴である。
16-6

解答14 ○ 連合弛緩とは、思考にまとまりがなく、関連のない観念が次々に現れる状態である。

問題15 離人感とは、「誰かに操られている」などと感じる自我障害の一つである。

問題16 感情の動きが乏しく、無関心、無為とみられるような状態を、感情の平板化という。

4 精神疾患の診断分類

問題17 シュナイダー, K. は、内因性うつ病と反応性うつ病の違いを明らかにした。

問題18 操作的診断では、原因に基づいて精神疾患を分類する。

問題19 WHO（世界保健機関）が発行したDSM-5では、多軸診断の廃止、診断カテゴリの見直しが行われた。

問題20 ICD（国際疾病分類）の目的は、国際間における死因統計および疾病の分類である。

問題21 性同一性障害は、ICD-11において精神障害の一つに分類された。

5 診断、検査

問題22 WISC-Ⅳは、成人を対象とした知能検査である。

問題23 ミニメンタルステート検査は、認知症のスクリーニング検査である。

問題24 SCT（文章完成テスト）は、うつ病の重症度をみる自己評価尺度である。

問題25 血液検査によって精神症状の原因が特定されることはない。

問題26 SPECT（単一光子放射型コンピュータ断層撮影）やMIBG心筋シンチグラフィは、認知症の診断に活用される画像検査である。

問題27 てんかんの診断に最も有用な検査は、脳波検査である。

6 代表的な疾患とその症状、経過、予後

問題28 認知症の症状には中核症状とBPSD（行動・心理症状）があり、物盗られ妄想は、行動・心理症状に分類される。

問題29 幻視とパーキンソン症状は、前頭側頭型認知症に特徴的な症状である。

解答15 × させられ体験（作為体験）とは、「誰かに操られている」などと感じる自我障害[★4]の一つである。
（16-6）

解答16 ○ 感情の動きが乏しく、無関心、無為とみられるような状態を、**感情の平板化**という。

解答17 ○ シュナイダー，K. は、内因性うつ病と反応性うつ病の違いを明らかにした。

解答18 × 操作的診断[★5]では、**症状**に基づいて精神疾患を分類する。

解答19 × **APA（アメリカ精神医学会）**が発行したDSM-5では、多軸診断の廃止、診断カテゴリの見直しが行われた。
（24-20）

解答20 ○ ICD（国際疾病分類）の目的は、国際間における**死因統計および疾病の分類**である。

解答21 × 性同一性障害は、ICD-11[★6]において精神障害**から分離された**。

解答22 × WISC-Ⅳは、**児童・小児**を対象とした知能検査である。

解答23 ○ ミニメンタルステート検査は、**認知症**のスクリーニング検査である。
（25-7）

解答24 × **SDS（自己評価式抑うつ性尺度）**は、うつ病の重症度をみる自己評価尺度である。
（25-7）

解答25 × 血液検査によって精神症状の原因が特定されること**がある**。

解答26 ○ **SPECT（単一光子放射型コンピュータ断層撮影）**や**MIBG心筋シンチグラフィ**は、認知症の診断に活用される画像検査である。
（21-6）

解答27 ○ てんかんの診断に最も有用な検査は、**脳波検査**である。
（21-6）

解答28 ○ 認知症の症状には中核症状とBPSD（行動・心理症状）があり、物盗られ妄想は、**行動・心理症状**に分類される。

解答29 × 幻視とパーキンソン症状は、**レビー小体型認知症**に特徴的な症状である。

問題30 脳外傷後にさまざまな認知機能障害が生じている状態のことを、高次脳機能障害という。

問題31 精神作用物質への依存は、精神依存、身体依存の順に形成される。

問題32 耐性は、薬物の連用により効果がしだいに増強することによって生じる。

問題33 多量飲酒によるビタミンB_1の欠乏は、ウェルニッケ脳症やコルサコフ症候群を引き起こす原因となる。

問題34 覚醒剤（アンフェタミン）は、身体依存が強力である。

問題35 病的賭博においては、賭けの結果がよくないと、賭けごとへの衝動が高まっていく。

問題36 感情鈍麻は、統合失調症の陰性症状の一つである。

問題37 陽性症状は、統合失調症の回復期に呈することが多い。

問題38 実際の知覚に対して、了解不能な意味づけがなされる妄想を、着想妄想という。

問題39 DUP（精神病未治療期間）は、短いほうが予後がよい。

問題40 統合失調症は、発症年齢が若いほど予後がよい。

問題41 思考化声は、シュナイダーの一級症状に含まれていない。

問題42 うつ病にみられる微小妄想には、貧困妄想、罪業妄想、心気妄想がある。

問題43 うつ病の身体症状では、食欲増進や過眠を呈することがある。

問題44 躁病エピソードには、話の内容が脱線して次から次へと飛んでいく連合弛緩が含まれる。

問題45 社交不安障害では、ほかに逃げ場がない状況や狭い空間の中などで急激に強い不安を感じる。

問題46 強迫性障害の症状は、強迫観念と強迫行為の二つに大別される。

問題47 強迫性障害によくみられる症状の一つに、解離がある。

解答30 ○ 脳外傷後にさまざまな認知機能障害が生じている状態のことを、**高次脳機能障害**★7という。

解答31 ○ 精神作用物質への依存は、**精神依存**、**身体依存**の順に形成される。

解答32 × **耐性**★8は、薬物の連用により効果がしだいに**減弱**することによって生じる。

解答33 ○ 多量飲酒による**ビタミン**B_1の欠乏は、ウェルニッケ脳症やコルサコフ症候群を引き起こす原因となる。

解答34 × 覚醒剤（アンフェタミン）は、**精神依存**が強力である。

解答35 × 病的賭博においては、賭けの結果**にかかわらず**、賭けごとへの衝動が高まっていく。

解答36 ○ 感情鈍麻は、統合失調症の**陰性症状**★9の一つである。
25-3

解答37 × **陽性症状**★10は、統合失調症の**急性**期に呈することが多い。

解答38 × 実際の知覚に対して、了解不能な意味づけがなされる妄想を、**妄想知覚**という。

解答39 ○ DUP（精神病未治療期間）は、**短い**ほうが予後がよい。
24-6

解答40 × **統合失調症**★11は、発症年齢が**高い**ほど予後がよい。
24-6

解答41 × 思考化声は、シュナイダーの一級症状に含まれて**いる**。

解答42 ○ うつ病にみられる**微小妄想**★12には、貧困妄想、罪業妄想、心気妄想がある。
25-4

解答43 ○ うつ病の身体症状では、**食欲増進**や**過眠**を呈することがある。
23-4

解答44 × 躁病エピソードには、話の内容が脱線して次から次へと飛んでいく**観念奔逸**が含まれる。

解答45 × **パニック障害**では、ほかに逃げ場がない状況や狭い空間の中などで急激に強い不安を感じる。
21-2

解答46 ○ 強迫性障害の症状は、**強迫観念**と**強迫行為**の二つに大別される。

解答47 × 強迫性障害によくみられる症状の一つに、**儀式行為**がある。
25-6

問題48 急性ストレス障害は、一過性のストレス反応である。

問題49 PTSD(心的外傷後ストレス障害)には、四つの主症状(侵入、回避、認知と気分の陰性変化、過覚醒)がある。

問題50 PTSD(心的外傷後ストレス障害)では、精神症状が6か月以上持続する。

問題51 心理的ディブリーフィングには、PTSD(心的外傷後ストレス障害)の発現を予防する効果がある。

問題52 適応障害には、発症に明らかな要因がないことが多い。

問題53 解離とは、強いストレス下で自我を守るための無意識の症状である。

問題54 解離性昏迷では、的はずれ応答や退行がみられる。

問題55 精神的なストレスにより生じた身体疾患のことを、心身症という。

問題56 転換性障害では、心理的葛藤を意識的に抑制することにより、失声や視力障害などの機能障害を呈する。

問題57 身体症状はほとんどないにもかかわらず、重篤な身体疾患に罹患していると執拗に訴える病態のことを、身体表現性障害という。

問題58 神経性無食欲症では、過食や嘔吐などの不適切な食行動と活動量の増加がみられる。

問題59 神経性無食欲症と神経性大食症において、下剤や利尿剤の乱用は神経性無食欲症のみにみられる症状である。

問題60 不眠症状には、入眠障害、中途覚醒、日中症状の三つがある。

問題61 レム睡眠とは、夢を見ているときの浅い睡眠状態のことである。

問題62 ナルコレプシーの特徴は、突然の入眠とそれに続くレム睡眠である。

問題63 松果体で合成されるセロトニンには、体内時計を調節する働きがある。

問題64 共感性の欠如やきわめて自己中心的で支配的な言動は、反社会的パーソナリティ障害の特徴である。

問題65 理想化とこき下ろしや見捨てられ不安は、演技性パーソナリティ障害の特徴である。

解答48 ○ 急性ストレス障害は、一過性のストレス反応である。
(21-11)

解答49 ○ PTSD（心的外傷後ストレス障害）には、四つの主症状（侵入、回避、認知と気分の陰性変化、過覚醒）がある。
(22-3)

解答50 × PTSD（心的外傷後ストレス障害）では、精神症状が1か月以上持続する。

解答51 × 心理的ディブリーフィング★13には、PTSD（心的外傷後ストレス障害）の発現を予防する効果がない。

解答52 × 適応障害には、発症に明らかな要因があることが多い。
(24-3)

解答53 ○ 解離とは、強いストレス下で自我を守るための無意識の症状である。

解答54 × ガンザー症候群では、的はずれ応答や退行がみられる。

解答55 ○ 精神的なストレスにより生じた身体疾患のことを、心身症という。

解答56 × 転換性障害では、心理的葛藤を無意識に抑制することにより、失声や視力障害などの機能障害を呈する。

解答57 × 身体症状はほとんどないにもかかわらず、重篤な身体疾患に罹患していると執拗に訴える病態のことを、心気障害という。
(21-3)

解答58 ○ 神経性無食欲症では、過食や嘔吐などの不適切な食行動と活動量の増加がみられる。
(22-4)

解答59 × 神経性無食欲症と神経性大食症において、下剤や利尿剤の乱用は共通してみられる症状である。
(25-2)

解答60 × 不眠症状には、入眠障害、中途覚醒、早朝覚醒の三つがある。

解答61 ○ レム睡眠とは、夢を見ているときの浅い睡眠状態のことである。

解答62 ○ ナルコレプシーの特徴は、突然の入眠とそれに続くレム睡眠である。

解答63 × 松果体で合成されるメラトニンには、体内時計を調節する働きがある。

解答64 ○ 共感性の欠如やきわめて自己中心的で支配的な言動は、反社会的パーソナリティ障害の特徴である。

解答65 × 理想化とこき下ろしや見捨てられ不安は、境界型パーソナリティ障害の特徴である。
(23-3)

問題66 窃盗という行為そのものに快感を覚え、繰り返してしまう障害を、ミュンヒハウゼン症候群という。

問題67 LD（学習障害）では、全般的な知的能力障害はみられない。

問題68 小児自閉症には、言語によるコミュニケーションが得意であるという特徴がある。

問題69 小児自閉症は、3歳以前に現れる発達障害で、女児よりも男児に多くみられる。

問題70 サヴァン症候群は、知的に正常で言語機能に低下はないものの、想定外の事柄に出会うとパニックを起こしやすい。

問題71 自閉症に多くみられる、動作の手順や物の配置などに固執することを、「こだわり」という。

問題72 ADHD（多動性障害）には、不注意、多動、衝動性という三つの基本症状がある。

問題73 多動の症状には、日々の活動での忘れっぽさや、さまざまなことに気が散り一つのことに集中できないことがある。

問題74 ICD-11において、緊張病症候群は、統合失調症とは別の疾患概念として整理された。

問題75 緊張病症候群にしばしばみられる症状として、拒絶、常同、アンヘドニアがある。

❷ 精神疾患の治療

1 薬物治療

問題76 生物心理社会モデルでは、生物的側面、心理的側面、社会環境的側面の順にアプローチするという原則がある。

問題77 服薬コンプライアンスとは、患者が指示どおりに処方薬を服用することである。

問題78 統合失調症の薬物療法が本格的に開始されたのは、リスペリドンが使用されるようになった1950年代である。

問題79 定型抗精神病薬と非定型抗精神病薬のうち、副作用が現れにくいのは、定型抗精神病薬である。

問題80 ドーパミンが過剰になると幻覚妄想が出現し、不足すると錐体外路症状が発現する。

解答66 ✕ 窃盗という行為そのものに快感を覚え、繰り返してしまう障害を、**病的窃盗（クレプトマニア）**という。

解答67 ○ LD（学習障害）では、全般的な知的能力障害はみられ**ない**。

解答68 22-5 ✕ 小児自閉症には、言語によるコミュニケーションが**苦手**であるという特徴がある。

解答69 22-5 ○ 小児自閉症は、3歳以前に現れる発達障害で、**女児**よりも**男児**に多くみられる。

解答70 ✕ **アスペルガー症候群**は、知的に正常で言語機能に低下はないものの、想定外の事柄に出会うとパニックを起こしやすい。

解答71 24-5 ○ 自閉症に多くみられる、動作の手順や物の配置などに固執することを、「**こだわり**」という。

解答72 ○ ADHD（多動性障害）には、**不注意**、**多動**、**衝動性**という三つの基本症状がある。

解答73 23-5 ✕ **不注意**の症状には、日々の活動での忘れっぽさや、さまざまなことに気が散り一つのことに集中できないことがある。

解答74 ○ ICD-11において、**緊張病症候群**は、統合失調症とは別の疾患概念として整理された。

解答75 22-6 ✕ 緊張病症候群にしばしばみられる症状として、**拒絶**、**常同**、**カタレプシー**がある。

解答76 ✕ **生物心理社会モデル**★14では、生物的側面、心理的側面、社会環境的側面の順にアプローチするという原則は**ない**。

解答77 ○ **服薬コンプライアンス**とは、患者が指示どおりに処方薬を服用することである。

解答78 ✕ 統合失調症の薬物療法が本格的に開始されたのは、**クロルプロマジン**が使用されるようになった1950年代である。

解答79 ✕ 定型抗精神病薬と非定型抗精神病薬のうち、副作用が現れにくいのは、**非定型抗精神病薬**である。

解答80 ○ ドーパミンが**過剰**になると幻覚妄想が出現し、**不足**すると錐体外路症状が発現する。

問題81 パーキンソニズム、アカシジア、ジストニア、遅発性ジスキネジアを総称して自律神経症状という。

問題82 ジストニアは、静座不能症ともいわれ、じっとしていられず落ち着きなく四肢を動かしたり足踏みをしたりする。

問題83 パーキンソニズムでは、顔の表情筋、口唇、四肢、体幹などの運動が目的なく非自発的に繰り返される。

問題84 高熱、筋固縮、意識障害などが出現し、重篤な場合には死に至ることもある抗精神病薬の副作用を、悪性症候群という。

問題85 統合失調症の治療において、抗精神病薬の投与は不可欠である。

問題86 非定型抗精神病薬は、多剤投与することが推奨されている。

問題87 ほとんどの抗うつ薬は、内服開始の2～3日後から効果が現れる。

問題88 抗うつ薬は、寛解直後に服用を中止しないほうがよい。

問題89 抗うつ薬の副作用には、便秘、口渇、体重増加がある。

問題90 三環系抗うつ薬を服用する際には、神経過敏や衝動性の亢進などの賦活症候群に注意が必要である。

問題91 SSRI（選択的セロトニン再取り込み阻害薬）の代表的な副作用として、嘔気や便秘などの胃腸障害、不眠、頭痛などがある。

問題92 強迫性障害の薬物療法においては、抗てんかん薬が投与される。

問題93 双極性障害の薬物治療には、炭酸リチウムを投与する。

問題94 炭酸リチウムを服用する際には、定期的な血圧測定が必須である。

問題95 反跳性不安（不眠）とは、抗不安薬の服用を急に中断した場合にみられる不安（不眠）のことをいう。

問題96 常用量のベンゾジアゼピン系抗不安薬は、依存を形成しない。

問題97 離脱症状を避けるために依存性物質を求めることを、身体依存という。

問題98 メチルフェニデートの適応疾患には、ナルコレプシーやADHD（多動性障害）がある。

問題99 抗認知症薬を処方する際には、血中濃度をモニタリングする必要がある。

解答81 × パーキンソニズム、アカシジア、ジストニア、遅発性ジスキネジアを総称して錐体外路症状★15という。

解答82 (24-7) × アカシジアは、静座不能症ともいわれ、じっとしていられず落ち着きなく四肢を動かしたり足踏みをしたりする。

解答83 × 遅発性ジスキネジアでは、顔の表情筋、口唇、四肢、体幹などの運動が目的なく非自発的に繰り返される。

解答84 ○ 高熱、筋固縮、意識障害などが出現し、重篤な場合には死に至ることもある抗精神病薬の副作用を、悪性症候群という。

解答85 ○ 統合失調症の治療において、抗精神病薬の投与は不可欠である。

解答86 × 非定型抗精神病薬は、単剤投与することが推奨されている。

解答87 × ほとんどの抗うつ薬は、内服開始の2～3週間後から効果が現れる。

解答88 ○ 抗うつ薬は、寛解直後に服用を中止しないほうがよい。

解答89 ○ 抗うつ薬の副作用には、便秘、口渇、体重増加がある。

解答90 (22-8) × SSRI（選択的セロトニン再取り込み阻害薬）を服用する際には、神経過敏や衝動性の亢進などの賦活症候群★16に注意が必要である。

解答91 (21-7) × SSRI（選択的セロトニン再取り込み阻害薬）の代表的な副作用として、嘔気や便秘などの胃腸障害、眠気、頭痛などがある。

解答92 × 強迫性障害の薬物療法においては、SSRI（選択的セロトニン再取り込み阻害薬）が投与される。

解答93 ○ 双極性障害の薬物治療には、炭酸リチウムを投与する。

解答94 × 炭酸リチウムを服用する際には、定期的な血液検査が必須である。

解答95 (22-7) ○ 反跳性不安（不眠）とは、抗不安薬の服用を急に中断した場合にみられる不安（不眠）のことをいう。

解答96 × 常用量のベンゾジアゼピン系抗不安薬は、依存を形成する。

解答97 ○ 離脱症状を避けるために依存性物質を求めることを、身体依存という。

解答98 ○ メチルフェニデートの適応疾患には、ナルコレプシーやADHD（多動性障害）がある。

解答99 × 抗てんかん薬を処方する際には、血中濃度をモニタリングする必要がある。

問題100 ドネペジル塩酸塩は、アセチルコリン分解酵素の働きを促進する。

2 精神療法

問題101 来談者中心療法を提唱したのは、フロイト, S. である。

問題102 力動精神療法とは、転移を利用する精神療法である。

問題103 転移とは、治療者が患者を過去に出会った重要な人物と重ね合わせることである。

問題104 精神分析療法では、無意識の意識化により、精神症状を改善させようとする。

問題105 洞察的精神療法においては、うつ病の患者に対し、治る病気であることを伝えながら受容的にかかわる。

問題106 表現的精神療法では、感情の発散によるプラセボ効果を得ることが期待される。

問題107 言語での表現が困難な患者に対し、遊戯療法を実施することはできる。

問題108 自閉症の訓練的療法の一つに、環境を視覚的に構造化することで見通しを立てやすくするTEACCHプログラムがある。

問題109 暴露療法（フラッディング）では、恐怖に感じているものへの暴露を無意識下で行う。

問題110 暴露療法（フラッディング）では、恐怖刺激の高いものから順に慣れていくことで、恐怖を克服しようとする。

問題111 暴露療法（フラッディング）は、パニック障害や限局性恐怖症などに適用される。

問題112 認知行動療法は、古典的条件づけやオペラント条件づけなどの学習理論に基づいている。

問題113 ベック, A. T. は、うつ病に対する治療法として、条件反射の修正を目的とする認知行動療法を提唱した。

問題114 認知行動療法における第一段階は、不適応行動に気づくことである。

問題115 森田療法で重視されるのは、「あるがまま」の心的態度の獲得である。

解答100 × ドネペジル塩酸塩は、アセチルコリン分解酵素の働きを**阻害**する。
23-6

解答101 × 来談者中心療法を提唱したのは、**ロジャース, C. R.**である。
23-22

解答102 ○ 力動精神療法とは、**転移**★17を利用する精神療法である。
22-9

解答103 × 転移とは、**患者**が**治療者**を過去に出会った重要な人物と重ね合わせることである。

解答104 ○ 精神分析療法では、**無意識の意識化**により、精神症状を改善させようとする。
24-8

解答105 × **支持的**精神療法においては、うつ病の患者に対し、治る病気であることを伝えながら受容的にかかわる。

解答106 × 表現的精神療法では、感情の発散による**カタルシス**効果を得ることが期待される。
23-7

解答107 ○ 言語での表現が困難な患者に対し、遊戯療法を実施することは**できる**。

解答108 ○ 自閉症の訓練的療法の一つに、環境を視覚的に構造化することで見通しを立てやすくする**TEACCHプログラム**がある。

解答109 × 暴露療法（フラッディング）では、恐怖に感じているものへの暴露を**意図的に**行う。

解答110 × 暴露療法（フラッディング）では、恐怖刺激の**低い**ものから順に慣れていくことで、恐怖を克服しようとする。

解答111 ○ 暴露療法（フラッディング）は、**パニック障害**や**限局性恐怖症**などに適用される。
21-9

解答112 ○ 認知行動療法は、**古典的条件づけ**や**オペラント条件づけ**などの学習理論に基づいている。
24-8

解答113 × ベック, A. T.は、うつ病に対する治療法として、**自動思考**の修正を目的とする認知行動療法を提唱した。
25-8

解答114 × 認知行動療法における第一段階は、**認知のゆがみ**に気づくことである。

解答115 ○ 森田療法で重視されるのは、「**あるがまま**」の心的態度の獲得である。
24-8

問題116 森田療法における調整期では、食事、洗面、排泄以外の活動が禁じられている。

問題117 心理劇は、入院精神療法として診療報酬を算定することができる。

問題118 家族療法とは、家族を一つのシステムとして形成することを目的とする治療法である。

問題119 SST（社会生活技能訓練）は、1970年代にリバーマン，R. P. らによって開発された。

問題120 SST（社会生活技能訓練）は、認知行動療法の一つであり、ロールプレイを通してさまざまな生活場面への適応力を高めることを目指す。

問題121 神経性無食欲症の治療では、強制的に体重を増加させる処置を行うことはしない。

問題122 認知症の非薬物治療には、自律訓練法や内観療法などがある。

問題123 断酒会やAAなどの自助グループへの参加は、アルコール依存症の治療において不可欠とされる。

問題124 断酒会は、参加者が社会的立場や名前を語らないことを原則とする。

問題125 アルコール依存症の治療に使用されるシアナミドなどの抗酒剤は、アセトアルデヒドの分解を阻害する。

3 脳刺激法

問題126 修正型電気けいれん療法では、睡眠薬と抗不安薬により、全身をけいれんさせることなく脳に通電することができる。

問題127 修正型電気けいれん療法の主たる適応疾患は、統合失調症と気分障害である。

問題128 修正型電気けいれん療法は、妊娠中の実施が可能である。

問題129 修正型電気けいれん療法による記憶障害を減らすためには、パルス波電流よりもサイン波電流を使用したほうがよい。

問題130 経頭蓋磁気刺激療法は、難治性うつ病の治療において保険適用されている。

問題131 経頭蓋磁気刺激療法を実施する際は、麻酔科医との連携が必須である。

解答116 × 森田療法における絶対臥褥期では、食事、洗面、排泄以外の活動が禁じられている。
23-7

解答117 ○ 心理劇は、入院精神療法として診療報酬を算定することができる。

解答118 × 家族療法とは、家族を一つのシステムとして認識したうえで介入する治療法である。

解答119 ○ SST（社会生活技能訓練）は、1970年代にリバーマン, R. P.らによって開発された。

解答120 ○ SST（社会生活技能訓練）は、認知行動療法の一つであり、ロールプレイを通してさまざまな生活場面への適応力を高めることを目指す。

解答121 × 神経性無食欲症の治療では、強制的に体重を増加させる処置を行うことがある。

解答122 × 認知症の非薬物治療には、認知刺激や回想法などがある。

解答123 ○ 断酒会やAAなどの自助グループへの参加は、アルコール依存症の治療において不可欠とされる。

解答124 × AAは、参加者が社会的立場や名前を語らないことを原則とする。
24-10

解答125 ○ アルコール依存症の治療に使用されるシアナミドなどの抗酒剤は、アセトアルデヒドの分解を阻害する。

解答126 × 修正型電気けいれん療法では、麻酔薬と筋弛緩薬により、全身をけいれんさせることなく脳に通電することができる。

解答127 ○ 修正型電気けいれん療法の主たる適応疾患は、統合失調症と気分障害である。
21-8

解答128 ○ 修正型電気けいれん療法は、妊娠中の実施が可能である。
21-8

解答129 × 修正型電気けいれん療法による記憶障害を減らすためには、サイン波電流よりもパルス波電流を使用したほうがよい。
21-8

解答130 ○ 経頭蓋磁気刺激療法は、難治性うつ病の治療において保険適用されている。

解答131 × 修正型電気けいれん療法を実施する際は、麻酔科医との連携が必須である。
21-8

4 作業療法

問題132 作業療法は、精神障害を「生活の障害」として捉え、今日まで発展してきた。

問題133 統合失調症は、作業療法の適応疾患である。

問題134 急性期の患者は、作業療法の対象にならない。

問題135 集団のなかでそれぞれが自分の決めた作業を行っている場のことを、シリアルな場という。

5 地域精神医療

問題136 デイケアの利用を診療報酬で算定するためには、医師の指導が必要である。

問題137 精神科デイ・ケアを実施している精神科病院は、全体の9割を超えている。

問題138 精神科在宅患者支援管理料は、退院後の患者に限って算定できる。

問題139 精神保健福祉士の訪問による指導は、「精神科訪問看護・指導料」として診療報酬を算定することができる。

問題140 患者の家族は、精神科訪問看護の対象となる。

問題141 アウトリーチ事業の対象者は、治療中断や未受診者などに限られていない。

問題142 ACT（包括型地域生活支援プログラム）の特徴は、対象者を軽度の精神障害者に限定している点である。

問題143 ACT（包括型地域生活支援プログラム）による支援は、診察や薬剤管理などの保険医療サービスに限定されている。

❸ 精神医療の動向

1 精神疾患患者の動向

問題144 近年の患者調査によると、精神疾患患者については、外来患者数の増加が顕著である。

問題145 通院中の精神疾患患者の半数以上は、統合失調症（統合失調症型障害および妄想性障害）である。

解答132 ○ 作業療法は、精神障害を「**生活の障害**」として捉え、今日まで発展してきた。

解答133 ○ 統合失調症は、作業療法の適応疾患で**ある**。
(21-9)

解答134 × 急性期の患者は、作業療法の対象に**なる**。

解答135 × 集団のなかでそれぞれが自分の決めた作業を行っている場のことを、**パラレルな場**という。

解答136 × デイケアの利用を診療報酬で算定するためには、医師の**指示**が必要である。

解答137 ○ 精神科デイ・ケアを実施している精神科病院は、全体の**9**割を超えている。

解答138 × 精神科在宅患者支援管理料は、退院後の患者に**限らず**算定できる。

解答139 ○ 精神保健福祉士の訪問による指導は、「精神科訪問看護・指導料」として診療報酬を算定することが**できる**。

解答140 ○ 患者の家族は、精神科訪問看護の対象と**なる**。

解答141 × アウトリーチ事業の対象者は、治療中断や未受診者などに限られて**いる**。

解答142 × ACT（包括型地域生活支援プログラム）の特徴は、対象者を**重度**の精神障害者に限定している点である。
(20-75)

解答143 × ACT（包括型地域生活支援プログラム）による支援は、診察や薬剤管理などの保険医療サービスに限定されて**いない**。

解答144 ○ 近年の患者調査によると、精神疾患患者については、**外来**患者数の増加が顕著である。

解答145 × **入院**中の精神疾患患者の半数以上は、統合失調症（統合失調症型障害および妄想性障害）である。

問題146 近年の患者調査によると、75歳以上の精神疾患患者は入院では減少し、外来では増加傾向にある。

問題147 近年の精神病床の平均在院日数は、300日よりも短い。

問題148 「630調査（精神保健福祉資料）」は、3年に1回行われる。

問題149 「患者調査」は、5年に1回行われる。

問題150 近年の630調査（精神保健福祉資料）によると、精神病床からの退院者の帰住先は介護施設が最も多い。

問題151 2022年10月時点での精神病床数は約32万床であり、近年減少傾向にある。

問題152 近年、精神療養病棟入院料を算定する病床数は、増加傾向にある。

2 医療制度改革と精神医療

問題153 近年の医療法改正では、病院の機能統合が進められている。

問題154 精神科を標榜する診療所は、在宅医療を提供することができる。

問題155 「5疾病・6事業および在宅医療」における5疾病には、精神疾患が含まれている。

問題156 宇都宮病院事件をきっかけに、精神保健法は精神衛生法へ改正された。

問題157 DPC（1日当たりの包括評価）による包括払い制度は、主に慢性期の入院治療を行う場合に採用されている。

問題158 診療報酬は、原則として2年に1回改定される。

3 医療機関の医療機能の明確化

問題159 地域医療構想における医療機能とは、高度急性期機能、急性期機能、回復期機能、慢性期機能である。

問題160 クリニカルパスとは、標準的な診療計画表であり、その使用目的は医療スタッフ間での情報共有に限られている。

問題161 地域連携クリニカルパスとは、複数の医療機関で共有して用いることが想定されている。

問題162 病気や障害と共存しながら地域全体で病者を支えていくことを目的とする医療を、病院完結型医療という。

解答146 ○ 近年の患者調査によると、75歳以上の精神疾患患者は入院では**減少**し、外来では**増加**傾向にある。

解答147 ○ 近年の精神病床の平均在院日数は、300日よりも**短い**。
(21-10)

解答148 × 「630調査(精神保健福祉資料)」は、**1**年に1回行われる。

解答149 × 「患者調査」は、**3**年に1回行われる。

解答150 × 近年の630調査(精神保健福祉資料)によると、精神病床からの退院者の帰住先は**在宅**が最も多い。

解答151 ○ 2022年10月時点での精神病床数は約**32**万床であり、近年**減少**傾向にある。
(21-10)

解答152 × 近年、精神療養病棟入院料を算定する病床数は、**減少**傾向にある。

解答153 × 近年の医療法改正では、病院の機能**分化**が進められている。

解答154 ○ 精神科を標榜する診療所は、在宅医療を提供することが**できる**。
(23-8)

解答155 ○ 「5疾病・6事業および在宅医療」における5疾病には、精神疾患が含まれて**いる**。

解答156 × 宇都宮病院事件をきっかけに、**精神衛生**法は**精神保健**法へ改正された。

解答157 × DPC(1日当たりの包括評価)による包括払い制度は、主に**急性**期の入院治療を行う場合に採用されている。

解答158 ○ 診療報酬は、原則として**2**年に1回改定される。

解答159 ○ 地域医療構想における医療機能とは、**高度急性期**機能、**急性期**機能、**回復期**機能、**慢性期**機能である。

解答160 × クリニカルパスとは、標準的な診療計画表であり、その使用目的は医療スタッフ間での情報共有に限られて**いない**。

解答161 ○ **地域連携クリニカルパス**とは、複数の医療機関で共有して用いることが想定されている。

解答162 × 病気や障害と共存しながら地域全体で病者を支えていくことを目的とする医療を、**地域完結型医療**という。

1 入院治療

問題163 精神病床においては、開放処遇が原則である。

問題164 精神科特例により、精神病床では医師や看護師等を一般病床よりも少なく配置できる。

問題165 認知症病棟においては、認知症の中核症状が治療対象となる。

問題166 精神科身体合併症管理加算は、一般病床に入院している患者が精神疾患を発症した場合に算定することができる。

2 入院治療と人権擁護

問題167 精神病者監護法では、届出等の一定の要件を満たす場合に限り、私宅監置が合法的に認められていた。

問題168 精神保健法において任意入院が定められたことにより、精神疾患患者本人の同意に基づく入院手続きが可能になった。

問題169 医療保護入院では、精神科病院の管理者によって入院治療の必要性が判断される。

問題170 応急入院は、自傷他害のおそれがあると認められた場合に適用可能な入院形態である。

問題171 措置入院者には、退院後生活環境相談員を選任しなければならない。

問題172 医療保護入院において選任された退院後生活環境相談員は、医療保護入院者退院支援委員会に任意で出席する。

問題173 インフォームド・コンセントにおいては、クライエントの自己決定能力について慎重に吟味しなければならない。

問題174 行動制限最小化委員会は、1999年の精神保健福祉法の改正により設置されることとなった。

問題175 CVPPP（包括的暴力防止プログラム）により、興奮や攻撃性に対する患者の対応力向上が期待される。

問題176 精神保健指定医の資格申請には、3年以上の精神科実務経験を含めた5年以上の医師としての臨床経験が必要である。

問題177 精神医療審査会は、各市町村に設置されている。

解答163 ○ 精神病床においては、開放処遇が原則である。

解答164 ○ 精神科特例★18により、精神病床では医師や看護師等を一般病床よりも少なく配置できる。

解答165 × 認知症病棟においては、認知症のBPSD（行動・心理症状）が治療対象となる。

解答166 × 精神科身体合併症管理加算は、精神病床に入院している患者が身体合併症を発症した場合に算定することができる。

解答167 ○ (19-36) 精神病者監護法では、届出等の一定の要件を満たす場合に限り、私宅監置が合法的に認められていた。

解答168 ○ (19-36) 精神保健法において任意入院が定められたことにより、精神疾患患者本人の同意に基づく入院手続きが可能になった。

解答169 × (21-62) 医療保護入院では、精神保健指定医によって入院治療の必要性が判断される。

解答170 × (19-61) 措置入院は、自傷他害のおそれがあると認められた場合に適用可能な入院形態である。

解答171 ○ 措置入院者には、退院後生活環境相談員を選任しなければならない。

解答172 × 医療保護入院において選任された退院後生活環境相談員は、医療保護入院者退院支援委員会に出席しなければならない。

解答173 ○ インフォームド・コンセント★19においては、クライエントの自己決定能力について慎重に吟味しなければならない。

解答174 × 行動制限最小化委員会★20は、2004年の診療報酬の改定により設置されることとなった。

解答175 × CVPPP（包括的暴力防止プログラム）により、興奮や攻撃性に対する職員の対応力向上が期待される。

解答176 ○ 精神保健指定医の資格申請には、3年以上の精神科実務経験を含めた5年以上の医師としての臨床経験が必要である。

解答177 × (22-61) 精神医療審査会は、各都道府県および指定都市に設置されている。

問題178 患者やその家族等からの退院請求および処遇改善請求における入院の必要性や処遇の妥当性については、行動制限最小化委員会が審査する。

問題179 移送制度とは、患者本人の了承に応じて、入院先の医療機関まで患者を搬送する制度である。

問題180 警備会社等が精神疾患患者を入院先の医療機関まで搬送することは禁止されていない。

3 外来治療、在宅医療

問題181 外来治療の充実は、入院を促進することにつながる。

問題182 2022年6月30日の時点において、全国の精神科もしくは心療内科を標榜する診療所数は、7000施設を超えている。

問題183 精神科外来におけるインテークでは、生活史や家族歴などの情報収集が必要である。

4 医療観察法における入院・通院治療

問題184 医療観察法における入院処遇は、地方裁判所の裁判官が指定した指定入院医療機関において実施される。

問題185 鑑定入院は、医療観察法における処遇が決定した後に行われる。

問題186 入院処遇の決定を受けた対象者は、指定入院医療機関内の医療観察法病棟において入院治療を受ける。

問題187 入院処遇中には定期的にCPA会議が開催され、退院に向けた支援や調整が行われる。

問題188 通院処遇の期間中は、保護観察所が作成する処遇実施計画に基づいた支援が提供される。

5 精神科医療機関における精神保健福祉士の役割

問題189 厚生労働省の医療観察法における入院処遇ガイドラインには、精神保健福祉士が患者の権利擁護を担うことが明記されている。

問題190 退院後生活環境相談員として選任されるにあたり、精神保健福祉士の資格は必須ではない。

問題191 精神保健福祉士は、福祉を基盤とした専門職であり、チーム医療の一員とはされていない。

解答178 × 患者やその家族等からの退院請求および処遇改善請求における入院の必要性や処遇の妥当性については、**精神医療審査会**が審査する。
(22-61)

解答179 × 移送制度とは、**患者の家族等**の了承に応じて、入院先の医療機関まで患者を搬送する制度である。

解答180 ○ 警備会社等が精神疾患患者を入院先の医療機関まで搬送することは禁止されて**いない**。

解答181 × 外来治療の充実は、入院を**抑止**することにつながる。

解答182 ○ 2022年6月30日の時点において、全国の精神科もしくは心療内科を標榜する診療所数は、**7000**施設を超えている。

解答183 ○ 精神科外来におけるインテークでは、生活史や家族歴などの情報収集が**必要**である。

解答184 × 医療観察法における入院処遇は、**厚生労働大臣**が指定した指定入院医療機関において実施される。

解答185 × 鑑定入院は、医療観察法における処遇が決定**する前**に行われる。

解答186 ○ 入院処遇の決定を受けた対象者は、指定入院医療機関内の**医療観察法病棟**において入院治療を受ける。

解答187 ○ 入院処遇中には定期的に**CPA会議**が開催され、退院に向けた支援や調整が行われる。

解答188 ○ 通院処遇の期間中は、保護観察所が作成する**処遇実施計画**★21に基づいた支援が提供される。
(23-62)

解答189 ○ 厚生労働省の医療観察法における入院処遇ガイドラインには、精神保健福祉士が患者の**権利擁護**を担うことが明記されている。

解答190 ○ 退院後生活環境相談員として選任されるにあたり、精神保健福祉士の資格は必須では**ない**。
(23-68)

解答191 × 精神保健福祉士は、福祉を基盤とした専門職であり、チーム医療の一員である。

6 精神保健福祉士と協働する職種

問題192 医師法には、「医師は、診察治療の求があった場合には、これを拒んではならない」ことが規定されている。

問題193 薬剤師は、業務独占の資格である。

問題194 保健師および看護師の免許は、都道府県知事が与える。

問題195 公認心理師法には、クライエントの主治医の指示を受けなければならないことの規定はない。

問題196 作業療法士は、医師の指示のもとに作業療法を行わなければならない。

❺ 精神医療と保健、福祉の連携の重要性

1 治療導入に向けた支援

問題197 メンタルヘルスリテラシーの向上は、一次予防である。

問題198 セルフスティグマは、早期介入を困難にする。

問題199 基幹相談支援センターは、地域精神保健福祉活動推進の中核機関として位置づけられている。

問題200 認知症の診断を受けていない人は、認知症初期集中支援チームの対象となる。

問題201 精神科救急医療体制の整備は、都道府県の義務である。

2 再発予防や地域生活に向けた支援

問題202 精神症状の再発を予防するためには、服薬に関するアドヒアランスよりもコンプライアンスを向上させることが重要である。

問題203 「精神障害にも対応した地域包括ケアシステム」とは、各都道府県が提案している目指すべき地域社会のあり方のことである。

問題204 基幹相談支援センターは、精神障害者を対象とした相談支援を行っている。

問題205 第５期障害福祉計画では、すべての障害保健福祉圏域・市町村ごとに「協議の場」を設置するという目標が設定された。

問題206 精神障害者が最も多く利用している障害福祉サービスは、居宅介護である。

解答192 × 医師法には、「医師は、診察治療の求があった場合には、**正当な事由がなければ**、これを拒んではならない」ことが規定されている。

解答193 ○ 薬剤師は、**業務**独占の資格である。

解答194 × 保健師および看護師の免許は、**厚生労働大臣**が与える。

解答195 × 公認心理師法には、クライエントの主治医の指示を受けなければならないことの規定**がある**。
(25-27)

解答196 ○ 作業療法士は、医師の**指示**のもとに作業療法を行わなければならない。
(25-27)

解答197 ○ メンタルヘルスリテラシーの向上は、**一次**予防である。

解答198 ○ セルフスティグマ★22は、早期介入を**困難**にする。

解答199 × **精神保健福祉センター**は、地域精神保健福祉活動推進の中核機関として位置づけられている。

解答200 ○ 認知症の診断を受けていない人は、認知症初期集中支援チームの対象と**なる**。

解答201 × 精神科救急医療体制の整備は、都道府県の**努力義務**である。
(22-77)

解答202 × 精神症状の再発を予防するためには、服薬に関する**コンプライアンス**★23よりも**アドヒアランス**を向上させることが重要である。

解答203 × 「精神障害にも対応した地域包括ケアシステム」とは、**厚生労働省**が提案している目指すべき地域社会のあり方のことである。

解答204 ○ 基幹相談支援センターは、精神障害者を対象とした相談支援を行って**いる**。

解答205 ○ 第5期障害福祉計画では、すべての障害保健福祉圏域・市町村ごとに「**協議の場**」を設置するという目標が設定された。

解答206 × 精神障害者が最も多く利用している障害福祉サービスは、**就労継続支援B型**である。

◆ 試験問題が解きやすくなる用語一覧 

★1　精神衛生運動

ビアーズ, C. W. の『わが魂に逢うまで』(1908年) の出版に端を発した当事者運動のこと。同書では、当時のアメリカの精神科病院内での、職員による日常的な暴行などが告発された。しかしながら、1960年代までは本格的な脱施設化は進まなかった。

★2　神経伝達物質

二つの神経細胞 (ニューロン) の境目で形成されるシナプスにおいて、一つ目の神経細胞の電気的な興奮は、化学物質によって二つ目の神経細胞へと伝えられる。この化学物質のことを総称して神経伝達物質といい、統合失調症やうつ病などの発症には、分泌される神経伝達物質の過不足が関与していると考えられている。

★3　せん妄

精神症状 (幻覚や興奮など) が急速に出現または消失する、一過性かつ可逆的な意識障害のこと。入院直後、術後、各種治療薬の使用後などに生じることがある。一度正常に発達した認知機能が持続的に低下していく認知症とは異なる。

★4　自我障害

「自分の考えや行動は、自分のものである」という能動意識の障害のこと。自己と他者との境界が崩壊し、「自己の心の活動が他者の脳内で行われている」と感じることに起因する。自分という存在が、心と身体と脳を統合した一人の人間であるという感覚が薄れる。

★5　操作的診断

診断する医師や暮らしている国や地域にかかわらず、同じ状態なら同じ診断名になる必要がある、という要請から改良が重ねられてきた診断方法のこと。ICD-10やDSM-5を用いた診断が、その代表例である。

★6　ICD-11

WHO (世界保健機関) が作成する国際疾病分類で、2022年1月に発効。緊張病症候群、自己臭症、複雑性PTSD、身体完全性違和、ゲーム症 (障害) が新たな疾患概念として提唱された。また、性同一性障害は「精神障害」ではなく、「性の健康に関する問題」に分類された。

★7　高次脳機能障害

脳外傷の後遺症として残る認知機能障害や行動障害のこと。具体的には、記憶障害 (新しいことを覚えられない)、注意障害 (全体の様子に気を配ったり、手元だけに集中したりすることの切り替えやコントロールがうまくできない)、遂行機能障害 (目標に向かって段取りよく物事に取り組むことができない) などがある。

★8　耐性

依存性のある物質 (アルコールや覚醒剤などの精神作用物質) や行為 (ギャンブルやゲームなど) に脳が慣れること。耐性が形成されると、依存対象から得られる効果が減弱するため、同様の効果を得るためには使用量を増やさなければならない。

★9 陰性症状

陽性症状がやや治まってから明らかになる感情鈍麻や意欲低下などの精神症状のこと。健常者であればあるはずのものがみられない。抗精神病薬が治療に用いられることもある。

★10 陽性症状

統合失調症の急性期に出現する幻覚妄想や奇異行動などの精神症状のこと。健常者であればみられないはずの言動や訴えがみられる。抗精神病薬による治療対象となる。

★11 統合失調症（の予後）

急性発症、DUP（精神病未治療期間）が短いこと、脳の脆弱性が低い（より強いストレスがかかっても耐えることができる）と推定される場合のほうが、予後がよいとされている。より若い年齢で発症したり、誘因がないにもかかわらず発症したりした場合は、それだけ脳の脆弱性が高い（ストレスに耐える力が弱い）と推定されるため予後不良である。

★12 微小妄想

うつ病にしばしばみられる思考障害のこと。経済的な不安を訴える貧困妄想、重大な罪を犯したことや罰を受けていることを訴える罪業妄想、深刻な病に罹患していることを訴える心気妄想などがある。

★13 心理的ディブリーフィング

心的外傷体験の直後に、その生々しい体験を積極的に語らせること。PTSD（心的外傷後ストレス障害）発現の予防にはならないため、現在は行わないこととされている。

★14 生物心理社会モデル

精神疾患がもたらす問題状況は、生物的側面、心理的側面、社会環境的側面が相互に関連しあうことで生じていると捉え、これら三つの側面に総合的にアプローチすることで解決を図ろうとする考え方のこと。決まった順序や方法はなく、本人の希望やそのときの状況に応じて必要な支援を行う。

★15 錐体外路症状

抗精神病薬による代表的な副作用のこと。振戦や動作緩慢などのパーキンソニズム、四肢を落ち着きなく動かしたり足踏みをしたりするアカシジア、頸部や舌などに筋の収縮や捻転などが認められるジストニア、体幹や口唇などに反復性で目的のない非自発的な運動がみられる遅発性ジスキネジアなどがある。

★16 賦活症候群

SSRI（選択的セロトニン再取り込み阻害薬）による副作用の一つ。具体的な症状としては、不安、パニック発作、易刺激性、衝動性、躁状態などが挙げられ、自殺関連事象の危険性を高めることがある。これらの症状がみられた場合には、速やかに原因薬剤の減薬や中止を行うが、急激な減薬や中止は退薬症状（めまい、頭痛、不眠など）が生じることがある。

★17 **転移**

患者が治療者と過去に出会った重要な人物を重ね合わせることで、好意を抱く場合（陽性転移）と、敵意を抱く場合（陰性転移）がある。精神分析療法では、患者が自己洞察を深める過程において、転移を利用することがある。また、患者が治療者に向ける転移に対して、治療者が患者に無意識に反応してしまうことを「逆転移」という。

★18 **精神科特例**

精神科の医師の数は一般病院の3分の1、看護師の数は3分の2でよいとする内容の厚生事務次官通達のこと。1958年から現在まで継続されているが、大学附属病院等では廃止されており、また、精神科救急入院料等を算定するためには一般病床と同等の人員配置が必要である。

★19 **インフォームド・コンセント**

正しい情報を得られたうえでの合意であり、クライエントと医療者ならびに支援者が協力して治療にあたることである。クライエントが自己決定能力を有していることが前提であり、精神保健福祉士には自己決定への支援が求められる。

★20 **行動制限最小化委員会**

入院患者への隔離や身体的拘束などの行動制限を必要最小限にするために、病院内に設置される委員会のこと。精神科医師、看護師、精神保健福祉士などで構成される。2004年の診療報酬改定以降、医療保護入院等診療料を算定する医療機関には設置義務がある。

★21 **処遇実施計画**

医療観察法における通院処遇中のケア計画のこと。保護観察所の長に、作成が義務づけられている。社会復帰調整官は、この計画に基づいて、対象者との面接やケア会議の実施などの精神保健観察を行う。

★22 **セルフスティグマ**

精神障害者自身が精神疾患に偏見をもったり、自分が偏見を受ける存在であると認識したりすること。そのような「内なる偏見」は、支援を求めるための行動を遅れさせたり、早期介入を困難にしたりするとされている。

★23 **服薬アドヒアランスと服薬コンプライアンス**

いずれも医師の指示どおりに服薬している状態であることに変わりはないが、患者本人が自主的に服薬していることをアドヒアランス、単に医療従事者の指示を遵守しているにすぎないことをコンプライアンスという。

第 2 章

現代の精神保健の課題と支援

1 精神保健の動向

問題1 2004年の「精神障害にも対応した地域包括ケアシステム」では、「入院医療中心から地域生活中心へ」という精神保健医療福祉施策の基本的方針が示された。

問題2 2002年から2020年にかけて、精神疾患総患者数は急増した。

問題3 2002年から2020年の精神疾患患者数について、外来患者数は増加、入院患者数は減少している。

問題4 2020年の精神病床における在院期間別患者数について、1年以上の長期在院者が占める割合は約3割（約8万人）である。

問題5 近年の精神病床における入院形態別患者数について、任意入院が占める割合は増加傾向にある。

問題6 精神障害者保健福祉手帳の交付数は年々増加しており、現在150万件（2022年度末）を超えている。

問題7 精神障害者保健福祉手帳交付数の内訳について、2級が占める割合は全体の約6割である。

問題8 DUP（精神病未治療期間）に、不眠や不安などが出現する前駆期を含めた期間を、DUI（未治療期間）という。

問題9 精神疾患に対する気づき、対処、予防に関する知識や考え方のことを、ストレスコーピングという。

2 精神保健活動の三つの対象

問題10 精神保健活動の対象は、精神障害者福祉の対象者、精神障害者の医療の対象者、精神保健の対象者の三つに分類される。

問題11 精神障害者福祉の対象者の一部が、精神障害者の医療の対象者となる。

問題12 精神保健の対象者には、精神疾患を有さない者を含める。

問題13 精神保健活動は、積極的精神保健、消極的精神保健、総合的精神保健の三つに分類される。

問題14 総合的精神保健とは、地域住民を対象として、心の健康の保持増進を高めることを目指すものである。

解答1 × 2004年の「**精神保健医療福祉の改革ビジョン**」では、「入院医療中心から地域生活中心へ」という精神保健医療福祉施策の基本的方針が示された。

解答2 ○ 2002年から2020年にかけて、精神疾患総患者数は**急増**した。
(21-38)

解答3 ○ 2002年から2020年の精神疾患患者数について、外来患者数は**増加**、入院患者数は**減少**している。
(21-38)

解答4 × 2020年の精神病床における在院期間別患者数について、1年以上の長期在院者が占める割合は約**6**割（約**17**万人）である。

解答5 × 近年の精神病床における入院形態別患者数について、**医療保護入院**が占める割合は増加傾向にある。

解答6 × 精神障害者保健福祉手帳の交付数は年々増加しており、現在**130**万件（2022年度末）を超えている。

解答7 ○ 精神障害者保健福祉手帳交付数の内訳について、2級が占める割合は全体の約**6**割である。

解答8 ○ DUP（精神病未治療期間）★1に、不眠や不安などが出現する前駆期を含めた期間を、**DUI（未治療期間）**という。

解答9 × 精神疾患に対する気づき、対処、予防に関する知識や考え方のことを、**メンタルヘルスリテラシー**という。

解答10 ○ 精神保健活動の対象は、**精神障害者福祉**の対象者、**精神障害者の医療**の対象者、**精神保健**の対象者の三つに分類される。

解答11 × 精神障害者**の医療**の対象者の一部が、精神障害者**福祉**の対象者となる。

解答12 ○ 精神保健の対象者には、精神疾患を有さない者を**含める**。

解答13 × 精神保健活動は、**積極**的精神保健、**支持**的精神保健、**総合**的精神保健の三つに分類される。

解答14 × **積極**的精神保健とは、地域住民を対象として、心の健康の保持増進を高めることを目指すものである。

問題15 精神疾患に罹患した人への訪問指導は、積極的精神保健に含まれる。

3 精神の健康に関する心的態度

問題16 フィンク, S. L. は、脊椎損傷患者の回復過程をもとに、危機モデルを提唱した。

問題17 フィンクの危機モデルにおいて、現実を認めつつも抑うつや悲壮感が出現する「承認」の段階は、2段階目である。

問題18 デーケン, A. は、ショック、否認、意識化、復元の4段階で悲嘆反応を説明した。

問題19 ストレスとは、外部からの刺激（ストレッサー）によって生ずるゆがみのことである。

問題20 ライフイベントとストレスとの相関に関する「社会的再適応評価尺度」は、ホームズ, T. によって開発された。

4 生活と嗜癖

問題21 特定の物質や行動に伴う快感や刺激のことを、精神依存という。

問題22 乱用とは、特定の物質や行動、関係性にのめり込み、健康問題や社会問題を引き起こすようになった状態のことである。

問題23 脳内にドーパミンが分泌されると、報酬系が反応し、快感や多幸感を得る。

問題24 飲酒やギャンブルを繰り返すことで、報酬系は徐々に反応しづらくなる。

問題25 以前よりも多くまたは頻回に行動したり、物質を使用したりしないと、以前と同じ快感が得られなくなることを、渇望という。

問題26 嗜癖は生活上の生きづらさを緩和するための自己治療である、とする理論のことを、自己治療仮説という。

問題27 嗜癖には、物質依存と行動嗜癖の二つがある。

問題28 行動嗜癖に類似の精神疾患として、病的窃盗と買い物嗜癖がある。

❷ 家族に関連する精神保健の課題と支援

1 家族関係における暴力と精神保健

問題29 DV被害者の約7割は、女性である。

解答15 × 精神疾患に罹患した人への訪問指導は、支持的精神保健に含まれる。
(22-11)

解答16 ○ フィンク, S. L. は、脊椎損傷患者の回復過程をもとに、危機モデルを提唱した。

解答17 × フィンクの危機モデルにおいて、現実を認めつつも抑うつや悲壮感が出現する「承認」の段階は、3段階目である。

解答18 × エンゲル, G. は、ショック、否認、意識化、復元の4段階で悲嘆反応を説明した。

解答19 ○ ストレスとは、外部からの刺激（ストレッサー）によって生ずるゆがみのことである。
(21-11)

解答20 ○ ライフイベントとストレスとの相関に関する「社会的再適応評価尺度」は、ホームズ, T. によって開発された。
(24-11)

解答21 × 特定の物質や行動に伴う快感や刺激のことを、報酬効果という。

解答22 × 嗜癖[★2]とは、特定の物質や行動、関係性にのめり込み、健康問題や社会問題を引き起こすようになった状態のことである。
(26-17)

解答23 ○ 脳内にドーパミンが分泌されると、報酬系が反応し、快感や多幸感を得る。

解答24 ○ 飲酒やギャンブルを繰り返すことで、報酬系は徐々に反応しづらくなる。

解答25 × 以前よりも多くまたは頻回に行動したり、物質を使用したりしないと、以前と同じ快感が得られなくなることを、耐性という。

解答26 ○ 嗜癖は生活上の生きづらさを緩和するための自己治療である、とする理論のことを、自己治療仮説という。

解答27 ○ 嗜癖には、物質依存と行動嗜癖の二つがある。

解答28 ○ 行動嗜癖に類似の精神疾患として、病的窃盗と買い物嗜癖がある。

解答29 ○ DV被害者の約7割は、女性である。

問題30 DV防止法における配偶者には、事実婚のパートナーや離婚後の元配偶者を含まない。

問題31 同居していない恋人間での暴力は、DV防止法の対象外である。

問題32 市町村は、配偶者暴力相談支援センターを設置しなければならない。

問題33 婦人相談所は、DV防止法における保護命令を発することができる。

問題34 売春防止法に基づいて設置されている女性相談支援センターは、DV被害者の一時保護を行う。

問題35 ひきこもりは、12か月以上の外出の状況から判定される。

問題36 ひきこもりの状態の人がいる世帯は、民生委員による見守りの対象とされないことが多い。

2 出産・育児をめぐる精神保健

問題37 児童虐待防止法によると、児童虐待は身体的虐待、性的虐待、ネグレクト、心理的虐待、経済的虐待に分類される。

問題38 児童が同居する家庭における配偶者への暴力は、児童虐待防止法における身体的虐待に分類される。

問題39 マタニティブルーとは、一過性のうつ状態であり、産後うつ病とは異なる。

3 介護をめぐる精神保健

問題40 養護者による高齢者虐待の発生要因について、最も大きな割合を占めるのは、虐待者の障害・疾病である。

問題41 高齢者虐待の相談・通報件数について、在宅および介護施設等のいずれにおいても、増加傾向にある。

問題42 介護者が介護に没頭することは、介護ストレスを軽減させることにつながる。

4 社会的ひきこもりをめぐる精神保健

問題43 他者とのかかわりはもたないものの外出はしている場合、ひきこもりの定義に該当する。

問題44 8050問題は、高齢化やひきこもりの長期化を背景としている。

解答30 × DV防止法における配偶者には、事実婚のパートナーや離婚後の元配偶者を**含む**。
(22-19)

解答31 ○ 同居していない恋人間での暴力は、DV防止法の**対象外**である。

解答32 × **都道府県**は、配偶者暴力相談支援センターを設置しなければならない。
(22-19)

解答33 × **裁判所**は、DV防止法における保護命令を発することができる。
(24-13)

解答34 ○ **売春防止法**に基づいて設置されている女性相談支援センターは、DV被害者の一時保護を行う。

解答35 × ひきこもりは、6か月以上の外出の状況から判定される。

解答36 ○ ひきこもりの状態の人がいる世帯は、民生委員による見守りの対象とされないことが多い。

解答37 × 児童虐待防止法によると、児童虐待は**身体的虐待**、**性的虐待**、**ネグレクト**、**心理的虐待**に分類される。

解答38 × 児童が同居する家庭における配偶者への暴力は、児童虐待防止法における**心理的虐待**に分類される。
(22-19)

解答39 ○ マタニティブルーとは、一過性のうつ状態であり、産後うつ病とは**異なる**。
(22-20)

解答40 × 養護者による高齢者虐待の発生要因について、最も大きな割合を占めるのは、**介護疲れ・介護ストレス**である。

解答41 ○ 高齢者虐待の相談・通報件数について、在宅および介護施設等のいずれにおいても、**増加**傾向にある。

解答42 × 介護者が介護に**対する捉え方を変える**ことは、介護ストレスを軽減させることにつながる。

解答43 ○ 他者とのかかわりはもたないものの外出はしている場合、**ひきこもりの定義**★3に該当する。

解答44 ○ **8050問題**★4は、高齢化やひきこもりの長期化を背景としている。

問題45 ひきこもりの状態にある人の多くは、関係機関に相談したいと思っている。

5 家族関係の課題

問題46 近年の日本において、世帯数は年々増加している。

問題47 単独世帯は年々増加しており、2022年の平均世帯人員は２を上回っている。

問題48 カサンドラ症候群とは、子どもが自閉症スペクトラム障害の場合に心身に不調をきたす状態のことである。

問題49 無意識のうちに依存症患者の回復や自立を促進している家族を、イネイブラーという。

問題50 共依存関係では、家族などが依存症患者から支配されている状態にある。

6 グリーフケア

問題51 フロイト，S. は、喪失した対象と自己が未分化の場合には病的な悲哀の心理過程をたどると考えた。

問題52 リンデマン，E. による悲嘆の観察結果は、PTSD（心的外傷後ストレス障害）の概念にも応用されている。

問題53 キューブラー＝ロス，E. は、家族の死を予期することによる悲哀の過程をまとめた。

問題54 キューブラー＝ロス，E. の５段階説においては、抑うつ、怒り、否認、取引を順に経て、受容にたどり着く。

問題55 未成年の子どもや依存の対象であった人物との予期せぬ死別などには、複雑性悲嘆に陥るリスクがある。

問題56 グリーフケアは、遺族が悲しみを表出した後に開始する。

問題57 グリーフケアでは、故人への怒り以外の感情の表出をサポートする。

7 精神保健支援を担う機関

問題58 家庭児童相談室は、福祉事務所に設置されている。

解答45 × ひきこもりの状態にある人の多くは、関係機関に相談したいと思っていない。

解答46 ○ 近年の日本において、世帯数は年々増加している。

解答47 ○ 単独世帯は年々増加しており、2022年の平均世帯人員は2を上回っている。

解答48 × カサンドラ症候群とは、配偶者が自閉症スペクトラム障害の場合に心身に不調をきたす状態のことである。

解答49 × 無意識のうちに依存症患者の回復や自立を妨害している家族を、イネイブラー★5という。

解答50 × 共依存★6関係では、依存症患者が家族などから支配されている状態にある。

解答51 ○ フロイト, S. は、喪失した対象と自己が未分化の場合には病的な悲哀の心理過程をたどると考えた。

解答52 ○ リンデマン, E. による悲嘆の観察結果は、PTSD（心的外傷後ストレス障害）の概念にも応用されている。

解答53 × キューブラー＝ロス, E. は、自己の死を予期することによる悲哀の過程をまとめた。

解答54 × キューブラー＝ロス, E. の5段階説においては、否認、怒り、取引、抑うつを順に経て、受容にたどり着く。

解答55 ○ 未成年の子どもや依存の対象であった人物との予期せぬ死別などには、複雑性悲嘆に陥るリスクがある。

解答56 × グリーフケア★7は、遺族が悲しみを表出する前から開始する。
（25-13）

解答57 × グリーフケアでは、故人への怒りを含めた感情の表出をサポートする。
（25-13）

解答58 ○ 家庭児童相談室は、福祉事務所に設置されている。

問題59 こども家庭センターの統括支援員には、社会福祉士等の有資格者の配置が必須であるとされている。

問題60 児童相談所および児童家庭支援センターは、児童虐待防止法に基づいて設置されている。

問題61 ひきこもり地域支援センターには、ひきこもり支援コーディネーターとして、社会福祉士等の専門職を１名以上配置することが原則である。

問題62 ひきこもり地域支援センターの対象者には、年齢制限が設けられている。

❸ 精神保健の視点から見た学校教育の課題とアプローチ

1 学校教育における精神保健的課題

問題63 不登校とは、病気や経済的な理由がないにもかかわらず、年間60日以上欠席していることである。

問題64 いじめ防止対策推進法における「いじめ」には、インターネットを通じて行われるものが含まれている。

問題65 学校内には、教職員等で構成するいじめ対策組織を設置しなければならない。

問題66 子どもの自殺における最も危険な因子は、孤立感である。

問題67 少年法では、18歳未満を「少年」としている。

問題68 刑罰法令に触れる行為をした14歳未満の者に、刑事責任を問うことはない。

問題69 生活環境等に照らして、将来、犯罪行為をするおそれのある少年のことを、触法少年という。

問題70 教育委員会等は、教育支援センターを設置し、不登校児童生徒の社会的自立に向けた支援を行う。

2 教員の精神保健

問題71 2022年度に精神疾患で休職した公立学校教職員数は、6000人以上である。

問題72 バーンアウト（燃え尽き症候群）の提唱者は、フロイデンバーガー，H. である。

解答59 × こども家庭センターの統括支援員には、社会福祉士等の有資格者の配置が望ましいとされている。

解答60 × 児童相談所および児童家庭支援センターは、児童福祉法に基づいて設置されている。
(23-13)

解答61 ○ ひきこもり地域支援センターには、ひきこもり支援コーディネーターとして、社会福祉士等の専門職を1名以上配置することが原則である。
(21-17)

解答62 × ひきこもり地域支援センターの対象者には、年齢制限が設けられていない。
(21-17)

解答63 × 不登校とは、病気や経済的な理由がないにもかかわらず、年間30日以上欠席していることである。
(17-15)

解答64 ○ いじめ防止対策推進法における「いじめ」には、インターネットを通じて行われるものが含まれている。
(20-14)

解答65 ○ 学校内には、教職員等で構成するいじめ対策組織を設置しなければならない。

解答66 × 子どもの自殺における最も危険な因子は、自殺未遂歴である。

解答67 × 少年法では、20歳未満を「少年」としている。

解答68 ○ 刑罰法令に触れる行為をした14歳未満の者に、刑事責任を問うことはない。

解答69 × 生活環境等に照らして、将来、犯罪行為をするおそれのある少年のことを、虞犯少年という。

解答70 ○ 教育委員会等は、教育支援センターを設置し、不登校児童生徒の社会的自立に向けた支援を行う。
(25-14)

解答71 ○ 2022年度に精神疾患で休職した公立学校教職員数は、6000人以上である。
(21-13)

解答72 ○ バーンアウト(燃え尽き症候群)の提唱者は、フロイデンバーガー, H.である。

問題73 バーンアウト（燃え尽き症候群）の特徴として、著しい焦燥感、人間的な対応、達成感の喪失などが挙げられる。

問題74 教員同士の関係においては、相互性と協働性が保たれている状態にある。

3 関与する専門職と関係法規

問題75 市町村教育委員会は、ほかの児童の教育を妨げる児童に対し、当該児童の出席停止を命ずることができる。

問題76 市町村教育委員会による児童の出席停止命令は、学校教育法に基づくものである。

問題77 学校保健安全法は、学校職員の健康の保持増進に関する事項を定めている。

問題78 児童福祉法においては、児童への体罰禁止が明文化されていない。

4 スクールソーシャルワーカーの役割

問題79 スクールソーシャルワーカーは、学校内外における橋渡し役を担っている。

問題80 スクールソーシャルワーカーへの相談ルートとして最も多いのは、児童からの相談である。

問題81 子どもたちの教育保障を実現することは、スクールソーシャルワーカーの使命である。

5 学校精神保健にかかわる社会資源

問題82 要保護児童対策地域協議会は、要保護児童の学校生活にかかわるさまざまな機関や専門職によって構成される。

問題83 児童が精神保健課題を抱えている場合には、特別支援教育コーディネーターとの連携を検討する必要がある。

問題84 被虐待児童や非行児童など、保護者に監護させることが不適当であると認められる児童のことを、要支援児童という。

④ 精神保健の視点から見た勤労者の課題とアプローチ

1 現代日本の労働環境

問題85 2022年の「労働安全衛生調査（事業所調査）」によると、メンタルヘルス対策に取り組んでいる事業所の割合は９割以上である。

解答73 ✕ バーンアウト(燃え尽き症候群)の特徴として、**著しい消耗感**、**非人間的な対応**、**達成感の喪失**などが挙げられる。
(17-11)

解答74 ✕ 教員同士の関係においては、**独自**性と**分離**性が保たれている状態にある。

解答75 ✕ 市町村教育委員会は、ほかの児童の教育を妨げる**児童の保護者**に対し、当該児童の出席停止を命ずることができる。
(23-14)

解答76 ○ 市町村教育委員会による児童の出席停止命令は、**学校教育法**に基づくものである。
(23-14)

解答77 ○ 学校保健安全法は、**学校職員**の健康の保持増進に関する事項を定めている。

解答78 ✕ 児童福祉法においては、児童への体罰禁止が明文化され**ている**。

解答79 ○ スクールソーシャルワーカーは、**学校内外**における橋渡し役を担っている。

解答80 ✕ スクールソーシャルワーカーへの相談ルートとして最も多いのは、**教職員**からの相談である。

解答81 ○ 子どもたちの**教育保障**を実現することは、スクールソーシャルワーカーの使命である。

解答82 ✕ 要保護児童対策地域協議会は、要保護児童の**日常**生活にかかわるさまざまな機関や専門職によって構成される。

解答83 ○ 児童が精神保健課題を抱えている場合には、**特別支援教育コーディネーター**との連携を検討する必要がある。

解答84 ✕ 被虐待児童や非行児童など、保護者に監護させることが不適当であると認められる児童のことを、**要保護児童**という。

解答85 ✕ 2022年の「労働安全衛生調査(事業所調査)」によると、メンタルヘルス対策に取り組んでいる事業所の割合は**6割程度**である。

問題86 2022年の「労働安全衛生調査（個人調査）」によると、ストレスに関する相談相手がいる労働者の割合は9割以上である。

問題87 「過労死等防止対策白書」における「過労死等」には、精神疾患への罹患が含まれる。

問題88 勤務問題を原因の一つとする自殺者の数は、2020年以降、減少傾向であったが、2023年では増加した。

問題89 働き方改革関連法により、職場におけるパワーハラスメント防止のための対策が事業者の義務となった。

2 産業精神保健とその対策

問題90 メンタルヘルスケア対策における「ラインによるケア」は、仕事の負荷や人間関係の問題などについて、直属の上司や人事担当者などが連携して行う。

問題91 メンタルヘルスケア対策における「4つのケア」で活用する資源には、事業場外の資源を含む。

問題92 地方公務員の長期休業の理由として最も多いのは、新生物である。

問題93 復職に向けた支援プランは、主治医による「復帰可」の判断の前に作成する。

問題94 常時50人以上の労働者を使用する事業場では、ストレスチェックを行わなければならない。

問題95 ストレスチェック制度の主な目的は、二次予防である。

問題96 ストレスチェック制度は、職場環境改善につなげるためではなく、個々の労働者のストレス症状を把握するために行う。

問題97 ストレスチェック制度で高ストレス者と判定された労働者は、医師による面接を受けなければならない。

問題98 保健師は、厚生労働大臣の定める研修を修了することなくストレスチェックの実施者となることができる。

3 職場のメンタルヘルスのための相談

問題99 事業主には、労働者の心身の健康を守る安全注意義務がある。

問題100 ハラスメント問題には、組織的に対応する。

解答86 ○ 2022年の「労働安全衛生調査（個人調査）」によると、ストレスに関する相談相手がいる労働者の割合は**9**割以上である。

解答87 ○ 「過労死等防止対策白書」における「過労死等★8」には、精神疾患への罹患が**含まれる**。
(25-15)

解答88 × 勤務問題を原因の一つとする自殺者の数は、2020年以降、**増加**傾向であったが、2023年では**減少**した。

解答89 × **労働施策総合推進法**により、職場におけるパワーハラスメント防止のための対策が事業者の義務となった。
(25-15)

解答90 ○ メンタルヘルスケア対策における「**ラインによるケア**」は、仕事の負荷や人間関係の問題などについて、直属の上司や人事担当者などが連携して行う。

解答91 ○ メンタルヘルスケア対策における「4つのケア★9」で活用する資源には、事業場外の資源を**含む**。

解答92 × 地方公務員の長期休業の理由として最も多いのは、**精神疾患**である。

解答93 × 復職に向けた支援プランは、主治医による「復帰可」の判断の**後**に作成する。

解答94 ○ 常時**50**人以上の労働者を使用する事業場では、ストレスチェックを行わなければならない。
(21-14)

解答95 × ストレスチェック制度の主な目的は、**一次**予防である。

解答96 × ストレスチェック制度は、**個々の労働者のストレス症状を把握する**ためではなく、**職場環境改善につなげる**ために行う。

解答97 × ストレスチェック制度で高ストレス者と判定された労働者は、医師による面接を**受けることができる**。
(25-15)

解答98 ○ **保健師**は、厚生労働大臣の定める研修を修了することなくストレスチェックの実施者となることができる。
(24-15)

解答99 × 事業主には、労働者の心身の健康を守る**安全配慮義務**がある。
(17-16)

解答100 ○ ハラスメント問題には、**組織的**に対応する。

問題101 ハラスメントによる心理的負荷により発症した精神疾患は、労働者災害補償保険法に基づく給付の対象とならない。

問題102 顧客や取引先からの迷惑行為に対しては、事業場の組織的な対応よりも、労働者の個人的な対応が求められる。

問題103 EAP（従業員支援プログラム）の実施形態には、事業場内に担当者が常駐する内部型と事業場から業務委託を受ける外部型がある。

4 職場内の問題を解決するための機関及び関係法規

問題104 労働基準法は、妊娠中および産後1年を経過しない女性の危険有害業務の就業制限を規定している。

問題105 労働安全衛生法は、国が労働者の心の健康の保持増進のための指針を策定することを規定している。

問題106 日本国憲法は、使用者に労働者の国籍や信条などを理由とした差別的取り扱いを禁止している。

問題107 労働関係調整法の目的は、職場における労働者の安全と健康の確保および快適な職場環境の形成を促進することである。

問題108 国は、2015年の「過労死等の防止のための対策に関する大綱」において、将来的に過労死等をゼロにすることを目指すこととした。

問題109 厚生労働省内に設置されている過労死等防止対策推進協議会の参加者には、使用者の代表者が含まれていない。

❺ 精神保健の視点から見た現代社会の課題とアプローチ

1 災害被災者の精神保健

問題110 被災者の心理状態は、被災直後から順に、茫然自失期、幻滅期、再建期、ハネムーン期という経過をたどる。

問題111 茫然自失期には、被災者同士の間で強い連帯感が生まれる。

問題112 生き残ったことに対する罪悪感のことを、サバイバーズギルトという。

問題113 こころのケアチームとは、東日本大震災の直後に派遣された被災者への精神保健活動のための多職種チームである。

問題114 都道府県および指定都市によって組織される災害派遣精神医療チームのことを、DMATという。

解答101 × ハラスメントによる心理的負荷により発症した精神疾患は、労働者災害補償保険法に基づく給付の対象と**なり得る**。
(19-67)

解答102 × 顧客や取引先からの迷惑行為に対しては、**労働者の個人的**な対応よりも、**事業場の組織的**な対応が求められる。

解答103 ○ EAP（**従業員支援プログラム**）の実施形態には、事業場内に担当者が常駐する内部型と事業場から業務委託を受ける外部型がある。

解答104 ○ **労働基準法**は、妊娠中および産後１年を経過しない女性の危険有害業務の就業制限を規定している。
(25-15)

解答105 ○ **労働安全衛生法**[★10]は、国が労働者の心の健康の保持増進のための指針を策定することを規定している。
(25-15)

解答106 × **労働基準法**は、使用者に労働者の国籍や信条などを理由とした差別的取り扱いを禁止している。

解答107 × **労働安全衛生法**の目的は、職場における労働者の安全と健康の確保および快適な職場環境の形成を促進することである。

解答108 ○ 国は、2015年の「過労死等の防止のための対策に関する大綱」において、将来的に過労死等を**ゼロにする**ことを目指すこととした。

解答109 × 厚生労働省内に設置されている過労死等防止対策推進協議会の参加者には、使用者の代表者が含まれて**いる**。

解答110 × **被災者の心理状態**[★11]は、被災直後から順に、**茫然自失期**、**ハネムーン期**、**幻滅期**、**再建期**という経過をたどる。

解答111 × **ハネムーン期**には、被災者同士の間で強い連帯感が生まれる。
(24-17)

解答112 ○ 生き残ったことに対する罪悪感のことを、**サバイバーズギルト**という。

解答113 ○ こころのケアチームとは、**東日本大震災**の直後に派遣された被災者への精神保健活動のための多職種チームである。

解答114 × 都道府県および指定都市によって組織される災害派遣精神医療チームのことを、**DPAT**という。
(22-17)

問題115 児童・生徒に関する災害に際し、学校に派遣されるこころの緊急支援チームのことを、DPATという。

問題116 被災者への支援により、直接被災していない支援者に生じる外傷性ストレス反応のことを、二次受傷という。

2 犯罪被害者の支援

問題117 犯罪被害者等には、犯罪等の被害者の家族が含まれていない。

問題118 DVや児童虐待の被害者は、犯罪被害者に含まれる。

問題119 PTSD（心的外傷後ストレス障害）の症状を呈している人は、トラウマ体験を語ろうとすることが多い。

問題120 犯罪被害者等が受けるカウンセリングにかかる費用については、公費負担制度がある。

問題121 全国被害者支援ネットワークに加盟している民間支援団体は、各都道府県に設置されている。

問題122 トラウマインフォームドケアとは、トラウマをなかったものとしてかかわることである。

3 自殺予防

問題123 著名人の自殺が報道された後に自殺者数が増加する現象を、ピグマリオン効果という。

問題124 自殺対策において、自殺発生後に行う対応のことを、インターベンションという。

問題125 自殺対策基本法において、都道府県および市町村による自殺対策計画の策定は努力義務である。

問題126 自殺対策基本法には、自殺未遂者の親族等への支援に関する施策が含まれている。

問題127 WHO（世界保健機関）は、世界自殺レポートにおいて自殺予防戦略の構成要素についてまとめている。

4 身体疾患に伴う精神保健

問題128 精神科リエゾンチームによる診療は、診療報酬における加算の対象ではない。

解答115 ✕ 児童・生徒に関する災害に際し、学校に派遣されるこころの緊急支援チームのことを、CRTという。

解答116 ○ 被災者への支援により、直接被災していない支援者に生じる外傷性ストレス反応のことを、二次受傷という。
(22-17)

解答117 ✕ 犯罪被害者等には、犯罪等の被害者の家族が含まれている。
(22-15)

解答118 ○ DVや児童虐待の被害者は、犯罪被害者に含まれる。

解答119 ✕ PTSD（心的外傷後ストレス障害）の症状を呈している人は、トラウマ体験を語ろうとしないことが多い。

解答120 ○ 犯罪被害者等が受けるカウンセリングにかかる費用については、公費負担制度がある。

解答121 ○ 全国被害者支援ネットワークに加盟している民間支援団体は、各都道府県に設置されている。
(22-15)

解答122 ✕ トラウマインフォームドケアとは、トラウマを理解して配慮しながらかかわることである。

解答123 ✕ 著名人の自殺が報道された後に自殺者数が増加する現象を、ウェルテル効果という。
(24-12)

解答124 ✕ 自殺対策において、自殺発生後に行う対応のことを、ポストベンションという。
(23-17)

解答125 ✕ 自殺対策基本法において、都道府県および市町村による自殺対策計画の策定は義務である。
(21-16)

解答126 ○ 自殺対策基本法には、自殺未遂者の親族等への支援に関する施策が含まれている。
(21-16)

解答127 ○ WHO（世界保健機関）は、世界自殺レポートにおいて自殺予防戦略の構成要素についてまとめている。

解答128 ✕ 精神科リエゾンチームによる診療は、診療報酬における加算の対象である。

問題129 身体疾患に精神症状が合併した場合は、精神科リエゾンによる支援の対象となる。

問題130 緩和ケアには、精神的苦痛へのケアが含まれている。

問題131 緩和ケアは、終末期を迎えてから行う。

問題132 最終段階における医療について、本人の希望に沿った計画を事前に指示しておく取り組みを、リビングウィルという。

5 貧困問題と精神保健

問題133 等価可処分所得が全世帯の等価可処分所得の中央値の半分に満たないことを、相対的貧困という。

問題134 2021年時点における日本の相対的貧困率から推定すると、国民の５人に１人が貧困状態にある。

問題135 近年の日本の相対的貧困率は、国際的にみると低い水準にある。

6 社会的孤立

問題136 生活環境や健康状態が悪化しているにもかかわらず、自ら周囲に助けを求めることはしない状態のことを、セルフネグレクトという。

問題137 厚生労働省の調査によると、近年、ホームレスの数は増加傾向にある。

問題138 社会的孤立の状態にある人への支援には、ケアマネジメントの手法を活用し、現状や課題を正しく把握する必要がある。

問題139 精神疾患を有することとホームレス状態にあることとの間には、相互関係があるとされている。

問題140 ネットカフェ難民は、法律で定められているホームレスに含まれる。

7 LGBTと精神保健

問題141 性的魅力を感じる対象の性別が何かということを、ジェンダーという。

問題142 自己の性別の認識のことを、性同一性という。

問題143 身体的性別と性同一性が一致しない人々を、エックスジェンダーという。

解答129 ○ 身体疾患に精神症状が合併した場合は、精神科リエゾンによる支援の対象となる。

解答130 ○ 緩和ケアには、精神的苦痛へのケアが含まれている。

解答131 × 緩和ケアは、**治療の初期**から行う。

解答132 × 最終段階における医療について、本人の希望に沿った計画を事前に指示しておく取り組みを、**アドバンス・ケア・プランニング**という。

解答133 ○ 等価可処分所得が全世帯の等価可処分所得の中央値の半分に満たないことを、**相対的**貧困という。

解答134 × 2021年時点における日本の相対的貧困率から推定すると、国民の**6～7**人に1人が貧困状態にある。

解答135 × 近年の日本の相対的貧困率は、国際的にみると**高い**水準にある。

解答136 ○ 生活環境や健康状態が悪化しているにもかかわらず、自ら周囲に助けを求めることはしない状態のことを、**セルフネグレクト**という。

解答137 × 厚生労働省の調査によると、近年、ホームレス★12の数は**減少**傾向にある。

解答138 × 社会的孤立の状態にある人への支援には、**アウトリーチ**★13の手法を活用し、現状や課題を正しく把握する必要がある。

解答139 ○ 精神疾患を有することとホームレス状態にあることとの間には、相互関係が**ある**とされている。

解答140 × ネットカフェ難民は、法律で定められているホームレスに**含まれない**。

解答141 × 性的魅力を感じる対象の性別が何かということを、**性的指向**という。
(24-16)

解答142 ○ 自己の性別の認識のことを、**性同一性**という。
(24-16)

解答143 × 身体的性別と性同一性が一致しない人々を、**トランスジェンダー**という。
(24-16)

問題144 「性別違和」は、ICD-11で採用された疾患名である。

問題145 LGBTは、精神疾患に含まれない。

8 他文化に接することで生じる精神保健上の問題

問題146 異国に移住し生活するなかで移住者が感じるストレスのことを、異文化ストレスという。

問題147 2019年施行の改正入管法により、外国人労働者は減少していくことが見込まれる。

問題148 多文化共生社会においては、多文化コンピテンスを排除する必要がある。

9 反復違法行為と精神保健

問題149 精神障害者等の刑法犯罪において、最も多いのは窃盗である。

問題150 大麻は、薬物乱用のゲートウェイドラッグであるとされている。

問題151 窃盗で捕まる人の約半数が病的窃盗であるとされている。

問題152 措置入院者の退院後支援に関する計画は、原則保健所を設置している自治体が作成する。

❻ 精神保健に関する発生予防と対策

1 精神保健の予防の考え方

問題153 予防を一次予防、二次予防、三次予防に分類したのは、タウンゼント，P. である。

問題154 リワークプログラムは、二次予防に位置づけられる。

問題155 疾病の早期発見や予防のための活動は、公衆衛生活動に含まれる。

問題156 メンタルヘルスリテラシーを提唱したのは、ジョーム，A. F. である。

2 アルコール問題に対する対策

問題157 機能不全家族で育ち、大人になってから生きづらさを自覚している人を、アダルトチルドレンという。

問題158 より短期間でアルコール依存症に陥るのは、女性よりも男性である。

問題159 アルコール依存症の発症年齢が若いほど、予後がよい。

解答144 × 「性別違和」は、DSM-5で採用された疾患名である。
(24-16)

解答145 ○ LGBTは、精神疾患に含まれない。

解答146 ○ 異国に移住し生活するなかで移住者が感じるストレスのことを、異文化ストレスという。

解答147 × 2019年施行の改正入管法により、外国人労働者は増加していくことが見込まれる。

解答148 × 多文化共生社会においては、多文化コンピテンス★14を高めていく必要がある。

解答149 × 精神障害者等の刑法犯罪において、最も多いのは傷害・暴行である。

解答150 ○ 大麻は、薬物乱用のゲートウェイドラッグであるとされている。

解答151 × 窃盗で捕まる人のごく一部が病的窃盗であるとされている。

解答152 ○ 措置入院者の退院後支援に関する計画は、原則保健所を設置している自治体が作成する。

解答153 × 予防を一次予防、二次予防、三次予防に分類したのは、カプラン, G.である。
(23-12)

解答154 × リワークプログラムは、三次予防に位置づけられる。

解答155 ○ 疾病の早期発見や予防のための活動は、公衆衛生活動に含まれる。

解答156 ○ メンタルヘルスリテラシーを提唱したのは、ジョーム, A. F. である。

解答157 ○ 機能不全家族★15で育ち、大人になってから生きづらさを自覚している人を、アダルトチルドレンという。

解答158 × より短期間でアルコール依存症に陥るのは、男性よりも女性である。

解答159 × アルコール依存症の発症年齢が高いほど、予後がよい。

問題160 CRAFTとは、依存症患者への支援プログラムである。

問題161 アカンプロサートは、飲酒欲求を抑える断酒補助薬である。

問題162 アルコール健康障害対策基本法は、WHO（世界保健機関）の「アルコールの有害な使用を低減するための世界戦略」よりも後に策定された。

問題163 アルコールに関連して生じる飲酒運転、暴力、虐待、自殺等の問題を、アルコール健康障害という。

問題164 政府は、アルコール健康障害対策推進基本計画を策定しなければならない。

問題165 第２期アルコール健康障害対策推進基本計画において、飲酒習慣のある男性の割合が増加傾向にあることが示されている。

問題166 SBIRTSとは、アルコール依存症の早期発見から早期治療につなぐ手法である。

問題167 SBIRTSには、「セルフヘルプグループへの紹介」が含まれている。

3 薬物依存対策

問題168 薬物中毒とは、薬物が体内に入ることにより、脳や身体がダメージを受けた状態のことである。

問題169 身体依存は、すべての薬物に認められる。

問題170 薬物使用等の罪を犯した者に対する刑の一部執行猶予制度とは、早期に出所させ、残りの期間を保護観察所で治療的にかかわるものである。

問題171 ハームリダクションでは、害の低減よりも薬物使用の中止を重視している。

4 ギャンブル等依存対策

問題172 ギャンブル等依存症対策基本法において、公営競技やぱちんこ屋に係る遊戯は、「ギャンブル等」に含まれていない。

問題173 ギャンブル等依存症を理由とした借金は、家族等により肩代わりしないことが望ましい。

問題174 GAとは、ギャンブル等依存症における自助グループで、実名での参加が原則である。

問題175 ギャンブル等依存症対策基本法には、ギャンブル等依存症が自殺や犯罪などの重大な社会問題と関連していることを明記している。

解答160 × CRAFTとは、依存症家族への支援プログラムである。

解答161 ○ アカンプロサートは、飲酒欲求を抑える断酒補助薬である。

解答162 ○ アルコール健康障害対策基本法は、WHO（世界保健機関）の「アルコールの有害な使用を低減するための世界戦略」よりも後に策定された。

解答163 (23-16) × アルコールに関連して生じる飲酒運転、暴力、虐待、自殺等の問題を、アルコール関連問題という。

解答164 (23-16) ○ 政府は、アルコール健康障害対策推進基本計画を策定しなければならない。

解答165 (25-17) × 第2期アルコール健康障害対策推進基本計画において、飲酒習慣のある女性の割合が増加傾向にあることが示されている。

解答166 ○ SBIRTSとは、アルコール依存症の早期発見から早期治療につなぐ手法である。

解答167 ○ SBIRTSには、「セルフヘルプグループへの紹介」が含まれている。

解答168 ○ 薬物中毒とは、薬物が体内に入ることにより、脳や身体がダメージを受けた状態のことである。

解答169 × 精神依存★16は、すべての薬物に認められる。

解答170 (22-16) ○ 薬物使用等の罪を犯した者に対する刑の一部執行猶予制度とは、早期に出所させ、残りの期間を保護観察所で治療的にかかわるものである。

解答171 (22-16) × ハームリダクション★17では、薬物使用の中止よりも害の低減を重視している。

解答172 (22-14) × ギャンブル等依存症対策基本法において、公営競技やぱちんこ屋に係る遊戯は、「ギャンブル等」に含まれている。

解答173 ○ ギャンブル等依存症を理由とした借金は、家族等により肩代わりしないことが望ましい。

解答174 × GAとは、ギャンブル等依存症における自助グループで、匿名での参加が原則である。

解答175 ○ ギャンブル等依存症対策基本法には、ギャンブル等依存症が自殺や犯罪などの重大な社会問題と関連していることを明記している。

問題176 都道府県は、ギャンブル等依存症対策推進基本計画を定めなければならない。

5 うつ病と自殺防止対策

問題177 自殺を考えるほど追い詰められている人に気づき、声をかけて必要な支援につなげる役割を担う人を、ゲートキーパーという。

問題178 地域住民や家族は、ゲートキーパーになれない。

問題179 自殺リスクが比較的高いとされる集団全体への介入を、全体的介入という。

問題180 自殺未遂により救命救急センターに搬送された者への多職種チームによる介入は、救急患者精神科継続支援料として算定することができる。

6 子育て支援と暴力、虐待予防

問題181 乳幼児家庭全戸訪問は、生後4か月までの乳児がいるひとり親家庭が対象である。

問題182 こども家庭センターは、出産後から子育て期まで切れ目のない支援を実施することとされている。

問題183「子育てネットワーク」は、行政や社会福祉協議会などが専門職と連携して運営するものに限られていない。

7 認知症高齢者に対する対策

問題184 新オレンジプランは、団塊の世代が75歳以上となる2025年を見据えて策定された。

問題185 2019年の「認知症施策推進大綱」では、「早期発見」と「社会参加」を両輪として施策を推進することが掲げられている。

問題186 MCI（軽度認知機能障害）とは、認知症の初期のことである。

問題187 認知症の人の介護者への支援については、新オレンジプランおよび認知症施策推進大綱の両方に掲げられている。

8 社会的ひきこもりに対する対策

問題188 ひきこもり地域支援センターでは、本人に対しては訪問支援、家族に対しては来所相談を行うことを原則としている。

解答176 × 政府は、ギャンブル等依存症対策推進基本計画を定めなければならない。
(22-14)

解答177 ○ 自殺を考えるほど追い詰められている人に気づき、声をかけて必要な支援につなげる役割を担う人を、**ゲートキーパー**という。

解答178 × 地域住民や家族は、ゲートキーパーに**なり得る**。

解答179 × 自殺リスクが比較的高いとされる集団全体への介入を、**選択的**介入という。

解答180 ○ **自殺未遂**により救命救急センターに搬送された者への多職種チームによる介入は、救急患者精神科継続支援料として算定することができる。

解答181 × 乳幼児家庭全戸訪問は、生後4か月までの乳児がいる**すべての家庭**が対象である。

解答182 × こども家庭センターは、**妊娠期**から子育て期まで切れ目のない支援を実施することとされている。

解答183 ○ 「子育てネットワーク」は、行政や社会福祉協議会などが専門職と連携して運営するものに限られて**いない**。

解答184 ○ **新オレンジプラン**は、団塊の世代が75歳以上となる2025年を見据えて策定された。

解答185 × 2019年の「認知症施策推進大綱」では、「**共生**」と「**予防**」を両輪として施策を推進することが掲げられている。

解答186 × MCI(軽度認知機能障害)とは、**正常と認知症の境界域にある病態**のことである。

解答187 ○ 認知症の人の介護者への支援については、新オレンジプランおよび認知症施策推進大綱の両方に掲げられて**いる**。

解答188 × **ひきこもり地域支援センター**★18では、本人および家族に対して、訪問支援と来所相談の**両方**を行っている。

問題189 ひきこもり地域支援センターの運営は、NPO法人等に委託することができる。

問題190 「ひきこもりの評価・支援に関するガイドライン」では、社会参加や一般就労を目指すことが共通の目標であるとされている。

問題191 ひきこもり支援コーディネーターは、電話や来所による相談に応じ、助言を行うとともに家庭訪問など、アウトリーチ型の支援を行う。

9 災害時の精神保健に対する対策

問題192 災害対策基本法には、災害の予防についての規定がある。

問題193 被災後1～3か月の時期には、生活の再建に向けて立ち直っていく人と、取り残されていく人との二極化が進む。

問題194 PFA（サイコロジカル・ファーストエイド）の行動原則は、「見る」「聞く」「話す」である。

問題195 PFA（サイコロジカル・ファーストエイド）は、災害の4週間後以降に行うことが推奨されている。

❼ 地域精神保健に関する偏見・差別等の課題

1 関係法規

問題196 1994年に、保健所法は地域保健法へと改正された。

問題197 市町村は、住民の健康相談や保健指導を行うために、市町村保健センターを設置しなければならない。

問題198 DV防止法では、被害者を女性に限定している。

問題199 「産後ケア事業」とは、出産後1年を経過しない女子および乳児へのサポート体制を確保するものである。

2 精神保健に関わる人材育成

問題200 精神保健福祉相談員には、精神保健福祉士の資格が必須である。

問題201 ピアサポーターの源流は、1984年頃から開催されたボランティア講座の受講生らの活動である。

問題202 ピアサポーターには、当事者性を活かし、当事者を対等な立場で支える役割が期待されている。

解答189 ○ ひきこもり地域支援センターの運営は、NPO法人等に委託することができる。

解答190 × 「ひきこもりの評価・支援に関するガイドライン」では、社会参加や一般就労を目指すことが共通の目標で**はない**とされている。

解答191 ○ ひきこもり支援コーディネーターは、電話や来所による相談に応じ、助言を行うとともに家庭訪問など、**アウトリーチ**型の支援を行う。

解答192 ○ 災害対策基本法には、災害の予防についての規定が**ある**。

解答193 ○ 被災後1～3か月の時期には、生活の再建に向けて立ち直っていく人と、取り残されていく人との二極化が進む。

解答194 × PFA(サイコロジカル・ファーストエイド)★19の行動原則は、「**見る**」「**聞く**」「**つなぐ**」である。

解答195 × PFA(サイコロジカル・ファーストエイド)は、災害の**直後～4週間**に行うことが推奨されている。

解答196 ○ 1994年に、保健所法は**地域保健法**へと改正された。

解答197 × 市町村は、住民の健康相談や保健指導を行うために、市町村保健センターを設置**することができる**。

解答198 × DV防止法では、被害者を女性に限定して**いない**。

解答199 ○ 「産後ケア事業」とは、出産後1年を経過しない女子および乳児へのサポート体制を確保するものである。

解答200 × 精神保健福祉相談員には、精神保健福祉士の資格が必須で**はない**。

解答201 × **精神保健福祉ボランティア**の源流は、1984年頃から開催されたボランティア講座の受講生らの活動である。

解答202 ○ **ピアサポーター**には、当事者性を活かし、当事者を対等な立場で支える役割が期待されている。
(22-76)

3 精神保健における偏見

問題203 偏見は、正しい知識を習得することによる変化が生じやすいとされている。

問題204 偏見をなくすための試みの一つに、疾患名の変更がある。

問題205 「その施設の必要性は認めるものの、自分の住む地域にはつくってほしくない」という主張や態度のことを、施設コンフリクトという。

問題206 福祉施設の新設に対する地域住民からの反対運動のことを、バリアフリーコンフリクトという。

問題207 特定の人種、社会階級、障害などに対する「負の烙印」のことを、スティグマという。

❽ 精神保健に関する専門職種（保健師等）と国、都道府県、市町村、団体等の役割及び連携

1 国の機関とその役割

問題208 地域福祉計画には、5疾病・6事業に関する内容を盛り込むこととされている。

問題209 630調査（精神保健福祉資料）には、隔離および身体的拘束の実施数が含まれていない。

問題210 障害者差別解消法は、日本が障害者権利条約を批准する前に制定された。

2 精神保健に関係する法規

問題211 1993年の障害者基本法改正により、精神障害者は「障害者」として法的に位置づけられた。

問題212 発達障害者支援法には、社会的障壁の定義が規定されていない。

問題213 精神保健福祉法には、精神障害者のみならず、国民全体の精神保健の向上を図ることが規定されている。

3 保健師等の役割と連携

問題214 看護師資格の取得は、保健師の資格を取得するうえでの必要条件である。

問題215 保健師の主な業務は、入院患者の健康保持増進である。

解答203 × 偏見は、正しい知識を習得することによる変化が生じにくいとされている。

解答204 ○ 偏見をなくすための試みの一つに、疾患名の変更がある。

解答205 × 「その施設の必要性は認めるものの、自分の住む地域にはつくってほしくない」という主張や態度のことを、NIMBY（ニンビー）という。

解答206 × (25-18) 福祉施設の新設に対する地域住民からの反対運動のことを、施設コンフリクトという。

解答207 ○ 特定の人種、社会階級、障害などに対する「負の烙印」のことを、スティグマという。

解答208 × 第８次医療計画には、５疾病・６事業[★20]に関する内容を盛り込むこととされている。

解答209 × 630調査（精神保健福祉資料）には、隔離および身体的拘束の実施数が含まれている。

解答210 ○ (25-73) 障害者差別解消法は、日本が障害者権利条約を批准する前に制定された。

解答211 ○ 1993年の障害者基本法改正により、精神障害者は「障害者」として法的に位置づけられた。

解答212 × (24-14) 発達障害者支援法には、社会的障壁の定義が規定されている。

解答213 ○ (21-18) 精神保健福祉法には、精神障害者のみならず、国民全体の精神保健の向上を図ることが規定されている。

解答214 ○ (17-19) 看護師資格の取得は、保健師の資格を取得するうえでの必要条件である。

解答215 × 保健師の主な業務は、地域住民の健康保持増進である。

問題216 公認心理師資格の更新継続では、5年ごとに更新研修を受講しなければならない。

4 地域精神保健に係わる行政機関の役割及び連携

問題217 保健所における精神保健福祉業務には、自助グループの組織育成が含まれている。

問題218 精神医療審査会に関する事務は、保健所の業務である。

問題219 精神保健福祉センターは、都道府県および市町村に必置である。

問題220 精神障害者保健福祉手帳の申請に対する判定業務は、市町村保健センターが行う。

問題221 自立支援医療（精神通院医療）に関する申請の受理は、市町村等が行う。

5 学会や啓発団体

問題222 全国精神保健福祉会連合会（みんなねっと）は、精神障害者の当事者が結成した団体である。

問題223 日本精神保健福祉連盟は、一般市民への自殺予防に関する普及啓発事業を行っている。

問題224 日本いのちの電話連盟は、インターネットの相談業務を行っている。

6 セルフヘルプグループと地域精神保健を課題とした市民団体

問題225 他者を支援することにより、自分自身がエンパワメントされることを、ヘルパーセラピー原理という。

問題226 ピアサポートグループには、互いに支えあう場をつくるために、専門職や研修を受けたピアスタッフが配置される。

問題227 ナラノンとは、ギャンブル依存症の家族や友人によるセルフヘルプグループである。

⑨ 諸外国の精神保健活動の現状及び対策

1 世界の精神保健の実情

問題228 DUPとは、損失生存年数（YLL）と障害生存年数（YLD）の合計である。

解答216 × 臨床心理士資格の更新継続では、5年ごとに更新研修を受講しなければならない。

解答217 ○ 保健所[★21]における精神保健福祉業務には、自助グループの組織育成が含まれている。

解答218 × 精神医療審査会に関する事務は、精神保健福祉センターの業務である。
(23-19)

解答219 × 精神保健福祉センターは、都道府県および指定都市に必置である。
(20-77)

解答220 × 精神障害者保健福祉手帳の申請に対する判定業務は、精神保健福祉センター[★22]が行う。
(21-20)

解答221 ○ 自立支援医療(精神通院医療)に関する申請の受理は、市町村等が行う。

解答222 × 全国精神保健福祉会連合会(みんなねっと)は、精神障害者の家族が結成した団体である。

解答223 × 日本いのちの電話連盟は、一般市民への自殺予防に関する普及啓発事業を行っている。
(25-19)

解答224 ○ 日本いのちの電話連盟は、インターネットの相談業務を行っている。

解答225 ○ 他者を支援することにより、自分自身がエンパワメントされることを、ヘルパーセラピー原理という。
(22-12)

解答226 ○ ピアサポートグループには、互いに支えあう場をつくるために、専門職や研修を受けたピアスタッフが配置される。

解答227 × ギャマノンとは、ギャンブル依存症の家族や友人によるセルフヘルプグループである。

解答228 × DALY[★23]とは、損失生存年数(YLL)と障害生存年数(YLD)の合計である。
(24-19)

問題229 『2017年版精神保健アトラス』(WHO(世界保健機関))によると、低所得国の精神保健分野の外来施設数は、高所得国の30倍である。

問題230 プリンス, M. らは、精神疾患と健康状態との相互関係を明らかにしたうえで、「メンタルヘルスなしに健康なし」と述べた。

問題231 「SDGs(持続可能な開発目標)」には、薬物等の乱用防止などメンタルヘルスに関する内容が含まれている。

2 WHOなどの国際機関の活動

問題232 国際連合は、国際的に普遍性のある精神保健分野の法原則を表すことを目指し、診断の方法や自己決定への支援など10の原則を示している。

問題233 mhGAP(精神保健の格差に関する行動プログラム)は、中低所得国における精神保健へのケアを拡大することを目的としている。

問題234 「アルコールの有害な使用を低減するための世界戦略」は、各国の飲酒問題への予防や対策は十分であるとしている。

問題235 「メンタルヘルスアクションプラン2013-2020」の原則は、「メンタルヘルスなしに健康なし」である。

問題236 世界精神保健デーとは、すべての国や人の精神的健康を促進するための一環として、WHO(世界保健機関)が行っている活動である。

3 諸外国の精神保健医療の実情

問題237 メンタルヘルスセンターは、欧米諸国における精神医療の中核機関である。

問題238 メンタルヘルスセンターでは、外来、ケアマネジメント、リハビリテーションが実施されている。

問題239 オランダの精神保健医療サービスでは、実施すべき介入方法に合わせて細分化および専門化されたチームが設置されている。

問題240 イギリスの精神保健医療サービスは、状態像や治療内容にかかわらず同じ治療チームが包括的かつ継続的にケアを行う。

解答229 × 『2017年版精神保健アトラス』(WHO(世界保健機関))によると、高所得国の精神保健分野の外来施設数は、低所得国の30倍である。

解答230 ○ プリンス, M. らは、精神疾患と健康状態との相互関係を明らかにしたうえで、「メンタルヘルスなしに健康なし」と述べた。

解答231 ○ 「SDGs(持続可能な開発目標)」には、薬物等の乱用防止などメンタルヘルスに関する内容が含まれている。

解答232 × WHO(世界保健機関)は、国際的に普遍性のある精神保健分野の法原則を表すことを目指し、診断の方法や自己決定への支援など10の原則を示している。

解答233 ○ (24-20) mhGAP(精神保健の格差に関する行動プログラム)[★24]は、中低所得国における精神保健へのケアを拡大することを目的としている。

解答234 × 「アルコールの有害な使用を低減するための世界戦略」は、各国の飲酒問題への予防や対策は不十分であるとしている。

解答235 ○ (23-20) 「メンタルヘルスアクションプラン2013-2020」[★25]の原則は、「メンタルヘルスなしに健康なし」である。

解答236 × (26-19) 世界精神保健デーとは、すべての国や人の精神的健康を促進するための一環として、WFMH(世界精神保健連盟)が行っている活動である。

解答237 ○ メンタルヘルスセンターは、欧米諸国における精神医療の中核機関である。

解答238 ○ メンタルヘルスセンターでは、外来、ケアマネジメント、リハビリテーションが実施されている。

解答239 × イギリスの精神保健医療サービスでは、実施すべき介入方法に合わせて細分化および専門化されたチームが設置されている。

解答240 × オランダの精神保健医療サービスは、状態像や治療内容にかかわらず同じ治療チームが包括的かつ継続的にケアを行う。

◆ 試験問題が解きやすくなる用語一覧 ◆

★1　DUP（精神病未治療期間）

精神疾患の発症から受診に至るまでの期間のこと。短縮するほど予後がよいとされている。メンタルヘルスリテラシー（精神疾患に関する知識や対処など）の普及により、DUPの短縮が期待される。

★2　嗜癖

「やめたくてもやめられない」状態に陥っていることを嗜癖（アディクション）という。アルコールや薬物など特定の物質への物質依存と、ギャンブルやゲームなど特定の行為への行動嗜癖の二つに分けられる。

★3　ひきこもりの定義

さまざまな要因の結果として、社会的参加（就学、就労、家庭外での交遊など）を回避し、原則的には6か月以上にわたっておおむね家庭にとどまり続けている状態を指す（他者と交わらない形での外出をしていてもよい）。

★4　8050問題

80代の親が50代の子どもの生活を支えている世帯に生じるさまざまな生活問題（社会的孤立、生活困窮など）のこと。背景には、高齢化・ひきこもりの長期化がある。親に介護や支援が必要な状態となった途端に、親子双方が危機に陥り、孤立無援の状態に置かれやすくなる。

★5　イネイブラー

依存症である本人と共依存の状態にある人のこと。嗜癖を可能にしてしまう行為をイネイブリングという。イネイブラーは嗜癖に必要なお金や物、場所や機会を与えたり、嗜癖から生じた問題を尻拭いして本人が困らないようにする。つまり、イネイブラーは意図せずとも無意識のうちに、依存症本人の回復や自立を妨げている。そのため、依存症の治療においては、時にイネイブラーへの介入や支援が必要となる。

★6　共依存

依存症本人と家族（または身近な人）との関係性のこと。家族が、依存症本人を世話すること（依存症本人から依存されること）に自分の存在価値を見出すようになることで構築される。「家族が依存症本人を支配している関係性」と表現されることもある。

★7　グリーフケア

喪失体験（家族との死別、人や土地との別れ、疾患等による身体器官の喪失、社会的地位の喪失など）に対する心の援助のこと。疾患や障害などによりその人らしさや生命が失われた、または失われる危機にある場面で必要になる支援である。

★8　過労死等

業務における心身への負荷により、脳血管疾患・心臓疾患・精神疾患を発症すること。または、その結果として死亡（精神疾患の場合は自殺）すること。

★9　4つのケア

職場のメンタルヘルス対策における四つの柱のこと。労働者自身による「セルフケア」、直属の上司や人事担当者などとの連携による「ラインによるケア」、専門のスタッフを加えた「事業場内産業保健スタッフ等によるケア」、職場外の資源を含めた「事業場外資源によるケア」の四つである。

★10　労働安全衛生法

労働者の安全と健康の確保、快適な職場環境の形成促進を目的とした法律。近年では過重労働やメンタルヘルス対策への取り組みが強化されており、2014年の改正においてストレスチェックの実施義務が規定された。

★11　被災者の心理状態

被災直後は「茫然自失期」が数日続く。その後、「ハネムーン期」で被災者が一丸となり積極的な気分になる。被災から数週間（または数か月）を過ぎると再び無力感が強くなる「幻滅期」を迎え、その後徐々に気分が安定する「再建期」を迎える。「幻滅期」に、立ち直っていく人と取り残されていく人との二極化が進む。

★12　ホームレス

法的には、「都市公園、河川、道路、駅舎その他の施設を故なく起居の場所とし、日常生活を営んでいる者」と定義されている。単に不安定な居住状態にあることではない。

★13　アウトリーチ

本来の意味は「手を差し伸べる」であり、専門職側が住民の所まで出向いて行う支援のことを総称した用語である。ホームレス、ひきこもり、子どもなど、自らSOSを出しづらい人への支援において活用されることが多い。

★14　多文化コンピテンス

自分と他者の文化的特性を理解したうえで、多様性を尊重し柔軟に対応する能力。コンピテンスとは、求められる能力や適性のことをいう。外国人など文化的背景が異なる人を支援するためには、多文化コンピテンスを高める必要がある。

★15　機能不全家族

虐待や養育放棄などが生じており、「健康な家族」とはいえない家族のこと。親から子への過剰な期待が原因となることもある。機能不全家族のなかで育った子どもは、将来的にもさまざまな問題を抱えることが多いとされており、アダルトチルドレン（AC）という。

★16　依存

依存は、精神依存と身体依存に大別される。精神依存とは依存の対象に対する渇望が強まる状態のことであり、身体依存とは人体が依存物質の作用に順応し、その物質が切れると離脱症状を生じる状態のことである。精神依存はすべての嗜癖問題で生じるが、身体依存はそれを呈さないものもある。

★17　ハームリダクション

厳罰よりも害の低減へと視点を移した薬物問題への政策のこと。注射針の無料交換や代替麻薬の提供など、「薬物の使用中止」ではなく「害を減らすことや困っていることへの支援」を重視している。

★18 ひきこもり地域支援センター

各都道府県および指定都市に設置されているひきこもりに特化した相談窓口である。社会福祉士等の専門職を1名以上、ひきこもり支援コーディネーターとして配置している。日常生活の自立、社会的自立、経済的自立に優先順位をつけることなく、一人ひとりに応じた支援を行う。

★19 PFA（サイコロジカル・ファーストエイド）

災害、紛争、犯罪など、深刻な危機的出来事に見舞われた人への心理的応急処置のこと。「見る」「聞く」「つなぐ」を行動原則として、人道的、支持的、実際的な支援を行う。

★20 5疾病・6事業

第8次医療計画に盛り込むべき疾患および医療事業のこと。5疾病とは、がん、脳卒中、心血管疾患、糖尿病、精神疾患である。6事業とは、救急医療、災害時における医療、新興感染症発生・まん延時における医療、へき地の医療、周産期医療、小児救急医療および小児医療（その他、在宅医療など）である。5疾病のなかに精神疾患が位置づけられたのは、2018年度の第7次医療計画以降である。

★21 保健所

地域住民の健康増進や生活環境の安全保持などの公衆衛生を担う行政機関である。精神保健福祉の領域においては、心の健康に関する普及啓発、断酒会などの自助グループ活動の支援、精神保健福祉相談員による相談業務などを行っている。

★22 精神保健福祉センター

精神保健福祉法に基づき、各都道府県および指定都市に必置とされている地域精神保健福祉活動推進の中核機関である。地域住民の精神的健康の保持増進から、精神障害者やその家族への相談、指導など、幅広い業務を行っている。

★23 DALY

疾患や障害により失った寿命（YLL：損失生存年数）と、障害を抱えて生活せざるを得なかった年数（YLD：障害生存年数）の合計により算出される、障害調整生命年のこと。世界銀行とWHO（世界保健機関）により開発された。

★24 mhGAP（精神保健の格差に関する行動プログラム）

精神・神経・物質使用の障害へのケア、特に、中低所得国における介入を拡大するためのプログラムのこと。そのための具体的な技術的ツールとして、WHOは非専門職向けの介入ガイド（mhGAP介入ガイド）を開発した。

★25 メンタルヘルスアクションプラン2013-2020

「メンタルヘルスなしに健康なし」を原則とした、精神保健に関する行動計画。2013年にWHOが採択し、2019年には計画期間を2030年まで延長することが決定された。精神障害の予防、ケア、リカバリーなどを促進することとしている。

第3章

精神保健福祉の原理

1 障害者福祉の思想と原理

問題1 国民を戦争のための人的資源として管理する目的で推進された戦時厚生事業において、障害者は人的資源の対象であった。

問題2 精神障害者やハンセン病者の隔離・収容政策の背景には、共生社会思想がある。

問題3 日本国憲法では、社会福祉を国民の権利として位置づけている。

問題4 1960年代の障害児教育では、身体的自立を第一義的目標とした。

問題5 ソーシャルダーウィニズムにおいて、福祉は自然淘汰を促進する要因である。

問題6 優生思想では、人間を「経済力」という単一の価値で評価する。

問題7 精神障害者は、国民優生法の対象とされていた。

問題8 1948年に制定された優生保護法は、1996年に母体保護法に改正された。

2 障害者福祉の理念

問題9 ノーマライゼーションとは、障害の有無にかかわらずノーマルな市民生活を送れるよう、障害者が訓練をすることである。

問題10 バンク-ミケルセン，N. E. は、すべての障害者を対象としたノーマライゼーションの原理を提唱した。

問題11 ヴォルフェンスベルガー，W. は、障害者に社会的役割をつくり出すことでノーマライゼーションを実現しようとした。

問題12 ゴフマン，E. は、「施設は入所者を無力化する装置である」とした。

問題13 ピープルファーストとは、アメリカにおける障害のある大学生らによる当事者運動の一つである。

問題14 自立生活運動は、QOLの自立からADLの自立へと「自立観」の変革を訴えた。

問題15 脳性麻痺の当事者団体である「青い芝の会」は、障害者は保護すべき存在ではなく権利を主張する主体であることを訴えた。

問題16 1971年の「知的障害者の権利宣言」には、ノーマライゼーションの思想が反映されていた。

解答1 ○ 国民を戦争のための人的資源として管理する目的で推進された**戦時厚生事業**において、障害者は人的資源の対象であった。

解答2 × 精神障害者やハンセン病者の隔離・収容政策の背景には、**社会防衛**思想がある。

解答3 ○ 日本国憲法では、社会福祉を国民の**権利**として位置づけている。

解答4 × 1960年代の障害児教育では、**職業自立**を第一義的目標とした。

解答5 × ソーシャルダーウィニズムにおいて、福祉は自然淘汰を**阻害**する要因である。

解答6 × 優生思想では、人間を「**生産性**」という単一の価値で評価する。

解答7 ○ 精神障害者は、国民優生法の対象とされて**いた**。

解答8 ○ 1948年に制定された優生保護法は、1996年に**母体保護法**に改正された。

解答9 (25-25) × ノーマライゼーション[★1]とは、障害の有無にかかわらずノーマルな市民生活を送れるよう、**社会環境を整える**ことである。

解答10 × **ニィリエ, B.** は、すべての障害者を対象としたノーマライゼーションの原理を提唱した。

解答11 (21-23) ○ **ヴォルフェンスベルガー, W.** は、障害者に社会的役割をつくり出すことでノーマライゼーションを実現しようとした。

解答12 ○ **ゴフマン, E.** は、「施設は入所者を無力化する装置である」とした。

解答13 × 自立生活運動[★2]とは、アメリカにおける障害のある大学生らによる当事者運動の一つである。

解答14 × 自立生活運動は、**ADL**の自立から**QOL**の自立へと「自立観」の変革を訴えた。

解答15 ○ 脳性麻痺の当事者団体である「青い芝の会」は、障害者は**保護**すべき存在ではなく**権利**を主張する主体であることを訴えた。

解答16 ○ 1971年の「知的障害者の権利宣言」には、**ノーマライゼーション**の思想が反映されていた。

問題17 リハビリテーションにより障害者を健常者に近づけようとする考え方を、医学モデルという。

問題18 WHO（世界保健機関）は、1981年を「国際障害者年」とし、その目的を「完全参加と平等」とした。

問題19 機会均等化とは、障害の有無にかかわらず社会参加の機会が平等であることをいう。

問題20 障害者権利条約の特徴の一つは、「合理的配慮」という考え方が示されている点である。

問題21 障害者権利条約における差別には、合理的配慮の不提供が含まれていない。

問題22 障害者施設の開設準備に地域住民にも参加してもらう取り組みは、ソーシャルエクスクルージョンの一つである。

3 障害者福祉の歴史的展開

問題23 医療従事者と患者や家族との関係性における父権主義のことを、パターナリズムという。

問題24 パターナリズムは、医学モデルに基づいている。

問題25 精神衛生法は、精神障害者の隔離・収容政策を撤回した法律である。

問題26 精神病者監護法において私宅監置を行う場合には、監置場所を管轄する保健所への届出が必要であった。

問題27 精神病者監護法における私宅監置に必要な費用は、公費で賄うこととされていた。

問題28 私宅監置を廃止した法律は、1950年の精神衛生法である。

問題29 精神衛生法においては、長期入院が前提であった。

問題30 精神衛生法は、精神医療や公衆衛生のための施策であった。

問題31 ライシャワー事件は、隔離・収容政策を転換するきっかけとなった。

問題32 1987年の精神保健法の第1条には、社会参加の促進が謳われている。

問題33 初めて精神障害者の社会復帰施設を法定化した法律は、精神保健福祉法である。

問題34 精神保健福祉法第1条には、自立と社会参加のための支援を行うことが同法の目的であると謳われている。

解答17 ○ リハビリテーションにより障害者を健常者に近づけようとする考え方を、医学モデルという。
(24-23)

解答18 × 国際連合は、1981年を「国際障害者年★3」とし、その目的を「完全参加と平等」とした。

解答19 ○ 機会均等化とは、障害の有無にかかわらず社会参加の機会が平等であることをいう。

解答20 ○ 障害者権利条約★4の特徴の一つは、「合理的配慮★5」という考え方が示されている点である。

解答21 × 障害者権利条約における差別には、合理的配慮の不提供が含まれている。

解答22 × 障害者施設の開設準備に地域住民にも参加してもらう取り組みは、ソーシャルインクルージョンの一つである。
(22-48)

解答23 ○ 医療従事者と患者や家族との関係性における父権主義のことを、パターナリズムという。

解答24 ○ パターナリズムは、医学モデルに基づいている。

解答25 × 精神衛生法★6は、精神障害者の隔離・収容政策を徹底した法律である。

解答26 × 精神病者監護法において私宅監置を行う場合には、監置場所を管轄する警察署への届出が必要であった。

解答27 × 精神病者監護法における私宅監置に必要な費用は、私費で賄うこととされていた。

解答28 ○ 私宅監置を廃止した法律は、1950年の精神衛生法である。

解答29 ○ 精神衛生法においては、長期入院が前提であった。

解答30 × 精神衛生法は、社会防衛や治安維持のための施策であった。

解答31 × ライシャワー事件★7は、隔離・収容政策を後押しするきっかけとなった。

解答32 × 1987年の精神保健法の第1条には、社会復帰の促進が謳われている。

解答33 × 初めて精神障害者の社会復帰施設を法定化した法律は、精神保健法★8である。
(17-67)

解答34 ○ 精神保健福祉法第1条には、自立と社会参加のための支援を行うことが同法の目的であると謳われている。

問題35 障害者自立支援法に基づくサービスの利用契約は、消費者契約法の適用対象である。

問題36 支援者と利用者の双方における知識や情報の量および質に差があることを、「情報の非対称性」という。

問題37 権利擁護事業（成年後見制度および日常生活自立支援事業）は、障害者自立支援法の施行より前に開始された。

問題38 中世のヨーロッパにおいて行われた魔女狩りは、民衆の不安を高めることが目的の一つであったとされている。

問題39 中世のヨーロッパでは、魔女狩りによって飢饉や伝染病の流行が引き起こされると考えられていた。

問題40 魔女狩りの終焉と同時に、精神病者の隔離・収容政策が進められた。

❷「障害」と「障害者」の概念

1 国際生活機能分類（ICF）

問題41 1980年にWHO（世界保健機関）が提唱した機能障害と社会的不利に関する分類を、ICF（国際生活機能分類）という。

問題42 ICF（国際生活機能分類）は、障害を肯定的および否定的な両側面から捉えようとするモデルである。

問題43 ICF（国際生活機能分類）における生活機能を構成する要素は、「機能・形態障害」「能力障害」「社会的不利」の三つである。

問題44 ICF（国際生活機能分類）における生活機能に影響を及ぼす因子は、「健康状態」「環境因子」「個人因子」の三つである。

問題45 家族や友人などその人に固有の人間関係は、ICF（国際生活機能分類）における「個人因子」に含まれる。

問題46 性格や習慣などその人に固有の特徴は、ICF（国際生活機能分類）における「個人因子」に含まれる。

問題47 妊娠や加齢など誰もが直面する可能性のある要因は、ICF（国際生活機能分類）における「健康状態」に含まれない。

問題48 ICF（国際生活機能分類）では、「できる活動」と「している活動」を同一のものとして把握する。

問題49 ICF（国際生活機能分類）は、障害を客観的に捉えるためのモデルである。

解答35 ○ 障害者自立支援法に基づくサービスの利用契約は、消費者契約法の**適用対象**である。

解答36 ○ 支援者と利用者の双方における知識や情報の量および質に差があることを、「**情報の非対称性**」という。

解答37 ○ 権利擁護事業（成年後見制度および日常生活自立支援事業）は、障害者自立支援法の施行より**前**に開始された。

解答38 × 中世のヨーロッパにおいて行われた魔女狩りは、民衆の不安を**抑える**ことが目的の一つであったとされている。

解答39 × 中世のヨーロッパでは、魔女狩りによって飢饉や伝染病の流行が**解決される**と考えられていた。

解答40 ○ 魔女狩りの終焉と同時に、精神病者の**隔離・収容政策**が進められた。

解答41 × 1980年にWHO（世界保健機関）が提唱した機能障害と社会的不利に関する分類を、**ICIDH（国際障害分類）**という。

解答42 ○ **ICF（国際生活機能分類）**は、障害を肯定的および否定的な両側面から捉えようとするモデルである。

解答43 × ICF（国際生活機能分類）における生活機能を構成する要素は、「**心身機能・身体構造**」「**活動**」「**参加**」の三つである。

解答44 ○ ICF（国際生活機能分類）における生活機能に影響を及ぼす因子は、「**健康状態**」「**環境因子**」「**個人因子**」の三つである。

解答45 × 家族や友人などその人に固有の人間関係は、ICF（国際生活機能分類）における「**環境因子**」に含まれる。

解答46 ○ 性格や習慣などその人に固有の特徴は、ICF（国際生活機能分類）における「**個人因子**」に含まれる。

解答47 × 妊娠や加齢など誰もが直面する可能性のある要因は、ICF（国際生活機能分類）における「健康状態」に**含まれる**。

解答48 × ICF（国際生活機能分類）では、「できる活動」と「している活動」を**別々**のものとして把握する。

解答49 ○ ICF（国際生活機能分類）は、障害を**客観的**に捉えるためのモデルである。

問題50 ICIDH（国際障害分類）では、生活機能の低下は病気や障害によるものであるとしている。

問題51 ICIDH（国際障害分類）とICF（国際生活機能分類）のうち、障害のない人も対象としているのは、ICIDHである。

問題52 ICF（国際生活機能分類）では数字とアルファベットによる分類コードを用いるため、あらゆる関係者間における「共通言語」としても活用できる。

2 制度における「精神障害者」の定義

問題53 精神障害者を法制度上初めて福祉の対象として位置づけた法律は、1995年の精神保健福祉法である。

問題54 2005年の障害者自立支援法において、精神障害者はその対象に含まれていた。

問題55 精神保健福祉法においては、精神疾患を有する者のすべてが精神障害者である。

問題56 精神衛生法における精神障害者には、精神薄弱者が含まれていた。

問題57 1970年の心身障害者対策基本法における「障害者」には、精神障害者が含まれている。

問題58 精神疾患を有することは、精神障害者保健福祉手帳を取得するうえでの十分条件である。

問題59 発達障害を有する者は、障害者基本法に基づく障害者に含まれない。

問題60 障害者基本法における社会的障壁には、社会的な慣行や観念が含まれる。

問題61 障害者基本法においては、難病の診断を受けた時点で障害者であるとみなされる。

問題62 18歳以上で精神疾患を有する者は、そのすべてが障害者総合支援法の対象となる。

3 精神障害の障害特性

問題63 社会モデルによると、障害を解決すべきなのは、障害者を締め出した社会である。

解答50 ○ ICIDH（国際障害分類）では、生活機能の低下は病気や障害によるものであるとしている。

解答51 × ICIDH（国際障害分類）とICF（国際生活機能分類）のうち、障害のない人も対象としているのは、ICFである。

解答52 ○ ICF（国際生活機能分類）では数字とアルファベットによる分類コードを用いるため、あらゆる関係者間における「共通言語」としても活用できる。

解答53 × 精神障害者を法制度上初めて福祉の対象として位置づけた法律は、1993年の障害者基本法である。

解答54 ○ 2005年の障害者自立支援法において、精神障害者はその対象に含まれていた。

解答55 ○ 精神保健福祉法においては、精神疾患を有する者のすべてが精神障害者である。

解答56 ○ 精神衛生法における精神障害者には、精神薄弱者が含まれていた。

解答57 × 1970年の心身障害者対策基本法における「障害者」には、精神障害者が含まれていない。

解答58 × 精神疾患を有することは、精神障害者保健福祉手帳を取得するうえでの必要条件である。

解答59 × 発達障害を有する者は、障害者基本法に基づく障害者に含まれる。
（25-62）

解答60 ○ 障害者基本法における社会的障壁★9には、社会的な慣行や観念が含まれる。

解答61 × 障害者基本法においては、難病の診断を受けた時点で障害者であるとみなされない。

解答62 ○ 18歳以上で精神疾患を有する者は、そのすべてが障害者総合支援法の対象となる。

解答63 ○ 社会モデルによると、障害を解決すべきなのは、障害者を締め出した社会である。

問題64 蜂矢英彦は、客観的次元と主観的次元の両側面から、人が生きることの全体像を捉えようとした。

問題65 上田モデルにおける「体験としての障害」とは、さまざまな日常生活場面に対する個人の能動的な反応のことである。

問題66 精神障害を「疾患と障害の共存」の状態であると提唱したのは、谷中輝雄である。

問題67 蜂矢モデルが示されたことは、精神障害者への福祉的アプローチの重要性が認識されるきっかけとなった。

問題68 「パニック発作への予期不安により通勤や通学ができなくなること」は、疾患と障害が併存していることの例に該当しない。

問題69 障害の固定化は、精神障害者を福祉的アプローチの対象外としてきた要因の一つであった。

❸ 社会的排除と社会的障壁

1 諸外国の動向

問題70 フランスの精神医学者ディックス, D. は、精神病患者を鎖から解放し人道的な治療を行った。

問題71 1842年のニューヨーク州法は、精神疾患を有する者の入院を禁止するものであった。

問題72 1963年の「ケネディ教書」により、アメリカにおける脱施設化の動きは加速した。

問題73 ビアーズ, C. W. は、家族の躁うつ病の体験をもとに、当時の精神科病院の実情について社会へ訴えた。

問題74 イタリアの精神科医バザーリア, F. は、精神科医療の中心を入院から地域へ移すことに尽力した。

問題75 イタリアの精神科病院で取り組まれたアッセンブレアとは、入院患者が集まり、対話をするための場である。

問題76 アッセンブレアに病院の職員や地域住民は参加できない。

問題77 アメリカでは、治療と生活支援を一体的に行う「セクター制度」への転換が進められた。

問題78 イタリアでは、法律第180号（バザーリア法）に基づき公立精神科病院の閉鎖および地域ケアへの転換を国策として進めた。

解答64 × 上田敏は、客観的次元と主観的次元の両側面から、人が生きることの全体像を捉えようとした。

解答65 ○ 上田モデルにおける「体験としての障害」とは、さまざまな日常生活場面に対する個人の能動的な反応のことである。

解答66 × 精神障害を「疾患と障害の共存」の状態であると提唱したのは、蜂矢英彦である。

解答67 ○ 蜂矢モデルが示されたことは、精神障害者への福祉的アプローチの重要性が認識されるきっかけとなった。

解答68 × 「パニック発作への予期不安により通勤や通学ができなくなること」は、疾患と障害が併存していることの例に該当する。

解答69 × 障害の可逆性は、精神障害者を福祉的アプローチの対象外としてきた要因の一つであった。

解答70 (24-1) × フランスの精神医学者ピネル, P. は、精神病患者を鎖から解放し人道的な治療を行った。

解答71 × 1842年のニューヨーク州法は、精神疾患を有する者の入院を強制するものであった。

解答72 ○ 1963年の「ケネディ教書」により、アメリカにおける脱施設化の動きは加速した。

解答73 × ビアーズ, C. W. は、自身の躁うつ病の体験をもとに、当時の精神科病院の実情について社会へ訴えた。

解答74 (18-1) ○ イタリアの精神科医バザーリア, F. は、精神科医療の中心を入院から地域へ移すことに尽力した。

解答75 ○ イタリアの精神科病院で取り組まれたアッセンブレアとは、入院患者が集まり、対話をするための場である。

解答76 × アッセンブレアに病院の職員や地域住民は参加できる。

解答77 (25-36) × フランスでは、治療と生活支援を一体的に行う「セクター制度」への転換が進められた。

解答78 (25-36) ○ イタリアでは、法律第180号(バザーリア法)★10に基づき公立精神科病院の閉鎖および地域ケアへの転換を国策として進めた。

問題79 フランスでは、オヘイガン, M. らによる当事者運動やブループリントに基づく施策により、精神科医療の転換が図られた。

問題80 イギリスの「精神保健に関するナショナル・サービス・フレームワーク」は、積極的アウトリーチやケアラー支援などの充実を重点課題とした。

問題81 1991年にWHO（世界保健機関）は、「精神病者の保護および精神保健ケア改善のための諸原則」を採択した。

問題82 「精神病者の保護および精神保健ケア改善のための諸原則」は、精神疾患患者の自由や権利に関する最低基準を示している。

問題83 「精神病者の保護および精神保健ケア改善のための諸原則」は、非自発的入院患者に特に焦点を当てたものである。

問題84 「精神病者の保護および精神保健ケア改善のための諸原則」は、個別的な治療計画の立案は重度の患者に必要であるとしている。

問題85 「精神病者の保護および精神保健ケア改善のための諸原則」は、病状に関係なく誰もが地域社会で治療を受ける権利を有するとしている。

問題86 障害者権利条約では、「自己決定できない人がいる」ことを前提に、その自己決定こそを支援すべきだとしている。

問題87 障害者権利条約は、非自発的入院を認めている制度とは矛盾する理念を掲げている。

2 日本の精神保健福祉施策に影響を与えた出来事

問題88 1883～1895年に生じた旧中村藩主をめぐったお家騒動のことを、相馬事件という。

問題89 相馬事件は、恤救規則の成立を後押しした。

問題90 精神病者監護法には、医療上の監督保護に関する条項が設けられていた。

問題91 呉秀三らは、精神病者監護法の廃止と精神科病院の設置を主張した。

問題92 1919年に精神病院法が成立した際、精神病者監護法は廃止された。

問題93 精神病院法により、全都道府県への公立の精神科病院の設置は進んだ。

問題94 1950年の精神衛生法成立と同時に、精神病者監護法と精神病院法が廃止された。

解答79 × ニュージーランドでは、オヘイガン，M. らによる当事者運動やブループリントに基づく施策により、精神科医療の転換が図られた。
(25-36)

解答80 ○ イギリスの「精神保健に関するナショナル・サービス・フレームワーク」は、積極的アウトリーチやケアラー支援などの充実を重点課題とした。
(25-36)

解答81 × 1991年に**国際連合**は、「精神病者の保護および精神保健ケア改善のための諸原則」を採択した。

解答82 ○ 「精神病者の保護および精神保健ケア改善のための諸原則」は、精神疾患患者の自由や権利に関する**最低基準**を示している。

解答83 ○ 「精神病者の保護および精神保健ケア改善のための諸原則」は、**非自発的入院患者**に特に焦点を当てたものである。

解答84 × 「精神病者の保護および精神保健ケア改善のための諸原則」は、個別的な治療計画の立案は**すべて**の患者に必要であるとしている。
(22-37)

解答85 ○ 「精神病者の保護および精神保健ケア改善のための諸原則」は、**病状に関係なく誰もが**地域社会で治療を受ける権利を有するとしている。
(22-37)

解答86 × 障害者権利条約では、「**人は誰でも自己決定ができる**」ことを前提に、その自己決定こそを支援すべきだとしている。

解答87 ○ 障害者権利条約は、非自発的入院を認めている制度とは**矛盾**する理念を掲げている。

解答88 ○ 1883～1895年に生じた旧中村藩主をめぐったお家騒動のことを、**相馬事件**という。

解答89 × 相馬事件は、**精神病者監護法**★11の成立を後押しした。

解答90 × 精神病者監護法には、医療上の監督保護に関する条項が設けられて**いなかった**。

解答91 ○ 呉秀三★12らは、精神病者監護法の廃止と精神科病院の**設置**を主張した。

解答92 × 1919年に**精神病院法**★13が成立した際、精神病者監護法は廃止**されなかった**。

解答93 × 精神病院法により、全都道府県への公立の精神科病院の設置は**進まなかった**。

解答94 ○ 1950年の精神衛生法成立と同時に、**精神病者監護法**と**精神病院法**が廃止された。

問題95 精神衛生法は、法の対象者を「精神病者」とした。

問題96 精神衛生法の目的には、精神疾患の予防が含まれていた。

問題97 1964年のライシャワー事件は、入院中心から地域ケアへの転換を促進させることとなった。

問題98 1965年の精神衛生法改正では、警察官による在宅精神障害者への訪問指導が強化された。

問題99 1965年の精神衛生法改正では、通院医療費公費負担制度が新設された。

問題100 宇都宮病院事件とは、患者同士の暴力が患者を死に至らしめた事件である。

問題101 1995年の精神保健福祉法において、初めて患者本人の同意に基づく入院が認められた。

問題102 1987年の精神保健法には、権利擁護に関する規定が含まれていた。

問題103 大和川病院事件への大阪府の取り組みは、精神障害者の地域移行に向けた全国的な取り組みにつながった。

問題104 2001年の池田小学校事件は、更生保護法を制定する契機となった。

問題105 相模原障害者殺傷事件の加害者は、優生思想をもとに重度障害者の生きる権利に否定的であったとされている。

問題106 相模原障害者殺傷事件を契機に、医療保護入院のあり方に関する有識者検討会が組織された。

3 日本の社会的障壁

問題107 障害者が出産することは「公共の福祉に反する」という見解は、1940年代の厚生省の公的なものであった。

問題108 母体保護法は、障害者への強制不妊手術の法的根拠であった。

問題109 強制不妊手術は、遺伝性疾患に限定されており、本人の同意を必要とした。

問題110 「病気や障害などを理由に当然に認められるべき権利を制限または剥奪する」という規定のことを、欠格条項という。

問題111 現行の公職選挙法において、成年被後見人の選挙権は認められていない。

解答95 ✕ 精神衛生法は、法の対象者を「**精神障害者**」とした。

解答96 ○ 精神衛生法の目的には、精神疾患の予防が**含まれていた**。

解答97 ✕ 1964年のライシャワー事件は、入院中心から地域ケアへの転換を**逆行**させることとなった。

解答98 ✕ 1965年の精神衛生法改正では、**保健所**による在宅精神障害者への訪問指導が強化された。

解答99 ○ 1965年の精神衛生法改正では、**通院医療費公費負担制度**が新設された。

解答100 ✕ 宇都宮病院事件★14とは、**看護職員による**暴力が患者を死に至らしめた事件である。

解答101 ✕ **1987**年の**精神保健法**において、初めて患者本人の同意に基づく入院が認められた。

解答102 ○ 1987年の精神保健法には、権利擁護に関する規定が**含まれていた**。

解答103 ○ **大和川病院事件**への大阪府の取り組みは、精神障害者の地域移行に向けた全国的な取り組みにつながった。

解答104 ✕ 2001年の池田小学校事件は、**医療観察法**を制定する契機となった。

解答105 ○ 相模原障害者殺傷事件の加害者は、**優生思想**をもとに重度障害者の生きる権利に否定的であったとされている。

解答106 ✕ 相模原障害者殺傷事件を契機に、**措置入院**のあり方に関する有識者検討会が組織された。

解答107 ○ 障害者が出産することは「公共の福祉に反する」という見解は、1940年代の厚生省の公的なもので**あった**。

解答108 ✕ **優生保護法**は、障害者への強制不妊手術の法的根拠であった。

解答109 ✕ 強制不妊手術は、遺伝性疾患に限定されて**おらず**、本人の同意を**不要**とした。

解答110 ○ 「病気や障害などを理由に当然に認められるべき権利を制限または剥奪する」という規定のことを、**欠格条項**という。

解答111 ✕ 現行の公職選挙法において、成年被後見人の選挙権は認められて**いる**。

問題112 「薬物報道ガイドライン」では、薬物依存症が犯罪であることを強調して伝えることが望ましいとしている。

問題113 「疾病に罹患したのは患者本人のせいである」とする考え方を、自己責任論という。

問題114 自己責任論は、患者の受療行動を能動的なものにさせる。

問題115 地域住民の障害者観と施設コンフリクトには関連があるとされている。

❹ 精神障害者の生活実態

1 精神科医療の特異性

問題116 2004年の「精神保健医療福祉の改革ビジョン」には、約7万人の社会的入院者を10年間で退院させることが明記された。

問題117 多剤併用により意欲が減退させられている状態を、施設症という。

問題118 近年の日本の長期入院精神障害者は、約10万人である。

問題119 ミル, J. S. の『自由論』に基づく考え方は、非自発的入院を正当化する。

問題120 多剤併用による薬物療法は、悪性症候群のリスクを高める。

問題121 「クラーク報告書」は、日本の精神科医療のあり方を転換する契機となった。

問題122 現在、日本の精神科病院の平均在院日数は、200日を下回る。

問題123 近年の日本の精神科病院の入院患者において、その6割が65歳以上である。

問題124 精神科救急入院料病棟は、年間入院患者の6割以上が自発的入院であることが要件の一つである。

問題125 近年の精神科病院における隔離・身体拘束の実施件数は、2万件を超えている。

問題126 隔離・身体拘束の平均実施期間について、日本は諸外国よりも短い。

問題127 長期入院は、統合失調症の陰性症状と施設症との鑑別を困難にする。

解答112 × 「薬物報道ガイドライン」では、薬物依存症が**回復可能な病気**であることを**きちんと**伝えることが望ましいとしている。

解答113 ○ 「疾病に罹患したのは**患者本人**のせいである」とする考え方を、自己責任論という。

解答114 × 自己責任論は、患者の受療行動を**消極的**なものにさせる。

解答115 ○ 地域住民の障害者観と施設コンフリクトには関連が**ある**とされている。

解答116 ○ 2004年の「精神保健医療福祉の改革ビジョン」には、約**7**万人の社会的入院者を**10**年間で退院させることが明記された。

解答117 × **長期入院**により意欲が減退させられている状態を、**施設症**[★15]という。
(22-30)

解答118 × 近年の日本の長期入院精神障害者は、約**15.6**万人である。

解答119 ○ ミル，J. S. の『**自由論**』[★16]に基づく考え方は、**非自発的入院**を正当化する。

解答120 ○ 多剤併用による薬物療法は、悪性症候群のリスクを**高める**。

解答121 × 「クラーク報告書」は、日本の精神科医療のあり方を転換する契機と**ならなかった**。

解答122 × 現在、日本の精神科病院の平均在院日数は、**300**日を下回る。
(21-10)

解答123 ○ 近年の日本の精神科病院の入院患者において、その**6**割が65歳以上である。

解答124 × 精神科救急入院料病棟は、年間入院患者の6割以上が**非自発的**入院であることが要件の一つである。

解答125 ○ 近年の精神科病院における隔離・身体拘束の実施件数は、**2**万件を超えている。

解答126 × 隔離・身体拘束の平均実施期間について、日本は諸外国よりも**長い**。

解答127 ○ 長期入院は、統合失調症の陰性症状と**施設症**との鑑別を困難にする。

2 家族

問題128 精神病者監護法における監護義務者は、原則として、親権者、配偶者、4親等以内の親族等が担うこととされていた。

問題129 精神衛生法は、本人に治療を受けさせることや退院後の身元を引き取ることを、保護義務者の義務であるとした。

問題130 保護義務者の「精神障害者の自傷や他害を防止するよう監督する義務」が廃止されたのは、1987年の精神保健法制定である。

問題131 全国精神障害者家族会連合会が結成されたのは、宇都宮病院事件の翌年である。

問題132 1995年に成立した精神保健福祉法には、精神障害者の家族も支援の対象であることが明記された。

問題133 2005年の精神保健福祉法改正により、保護者制度が廃止された。

問題134 精神障害者の家族は、情報、人間関係、支援という三つからの孤立に陥りやすいとされている。

問題135 専門家が家族に対して支援者としての役割を期待することは、家族を「人間関係からの孤立」に陥らせるリスクがある。

3 社会生活

問題136 「2016年度全国家族調査」によると、精神障害者のうち、家族と同居している人の割合は、7割よりも少ない。

問題137 「平成28年生活のしづらさなどに関する調査」によると、精神障害者はIADLよりもADLに関する介助をより必要としている。

問題138 1年以上精神科病院に入院している患者のうち、家庭に退院した者の割合は約2割である。

問題139 精神科病院へ入院している医療扶助人員数は、年々増加傾向にある。

問題140 医療扶助における傷病分類別レセプト件数のうち、最も多くを占めているのは、精神・行動の障害である。

問題141 2019年の「年金制度基礎調査」によると、精神障害により障害基礎(厚生)年金を受給している人の6割以上が2級受給者である。

解答128 ○ 精神病者監護法における監護義務者は、原則として、**親権者**、**配偶者**、**4親等以内の親族等**が担うこととされていた。

解答129 ○ 精神衛生法は、本人に治療を受けさせることや退院後の身元を引き取ることを、保護義務者の**義務**であるとした。

解答130 × 保護義務者の「精神障害者の自傷や他害を防止するよう監督する義務」が廃止されたのは、**1999**年の**精神保健福祉法改正**である。

解答131 × 全国精神障害者家族会連合会が結成されたのは、**ライシャワー事件**の翌年である。

解答132 ○ **1995**年に成立した**精神保健福祉法**★17には、精神障害者の家族も支援の対象であることが明記された。

解答133 × **2013**年の精神保健福祉法改正により、**保護者制度**★18が廃止された。
25-1

解答134 ○ 精神障害者の家族は、**情報**、**人間関係**、**支援**という三つからの孤立に陥りやすいとされている。

解答135 × 専門家が家族に対して支援者としての役割を期待することは、家族を「**支援**からの孤立」に陥らせるリスクがある。

解答136 × 「2016年度全国家族調査」によると、精神障害者のうち、家族と同居している人の割合は、7割よりも**多い**。

解答137 × 「平成28年生活のしづらさなどに関する調査」によると、精神障害者は**ADL**よりも**IADL**に関する介助をより必要としている。

解答138 ○ 1年以上精神科病院に入院している患者のうち、家庭に退院した者の割合は約**2**割である。

解答139 × 精神科病院へ入院している医療扶助人員数は、年々**減少**傾向にある。

解答140 ○ 医療扶助における傷病分類別レセプト件数のうち、最も多くを占めているのは、**精神・行動の障害**である。

解答141 ○ 2019年の「年金制度基礎調査」によると、精神障害により障害基礎（厚生）年金を受給している人の6割以上が**2**級受給者である。

問題142 障害年金の認定有効期間について、精神障害の場合はほかの障害と比較して短くなる傾向にある。

問題143 精神障害者保健福祉手帳の保有者は、患者調査における精神障害者のうちの８分の１程度である。

問題144 現在の精神障害者保健福祉手帳には、写真貼付欄がある。

問題145 2023年度の「障害者雇用実態調査」によると、従業員５人以上の事業所に雇用されている精神障害者は10万人である。

❺「精神保健福祉士」の資格化の経緯と精神保健福祉の原理と理念

1 「精神保健福祉士」の資格化に至る経緯

問題146 1948年に国立国府台病院に「社会事業婦」が配置されたことが、日本における精神科ソーシャルワーカーの誕生であったとされている。

問題147 日本精神医学ソーシャル・ワーカー協会が設立されたのは、Y問題よりも後である。

問題148 日本精神医学ソーシャル・ワーカー協会の主たる構成員は、保健所に勤務するソーシャルワーカーであった。

問題149 Y問題とは、「クライエントが精神科ソーシャルワーカーの権利侵害に加担した」とされた問題である。

問題150 Y問題では、精神科ソーシャルワーカーの違法行為の有無が問われた。

問題151 1965年の精神衛生法改正では、精神衛生相談員の任用資格に精神科ソーシャルワーカーが含まれていた。

問題152 1968年のクラーク報告書では、将来的に精神科病院の入院患者の高齢化が大きな課題になることが指摘されていた。

問題153 1982年の札幌宣言で、「精神障害者の社会的復権と福祉のための専門的・社会的活動」を精神科ソーシャルワーカーの目的に据えた。

問題154 札幌宣言の前に、精神科ソーシャルワーカーの業務の根拠となる倫理綱領および具体的な業務内容である業務指針が策定された。

問題155 1993年以降２年ごとに、精神保健福祉士法、障害者基本法、精神保健福祉法の順に成立した。

解答142 ○ 障害年金の認定有効期間について、精神障害の場合はほかの障害と比較して**短く**なる傾向にある。

解答143 × 精神障害者保健福祉手帳の保有者は、患者調査における精神障害者のうちの**4**分の**1**程度である。

解答144 ○ 現在の精神障害者保健福祉手帳には、写真貼付欄が**ある**。
21-61

解答145 × 2023年度の「障害者雇用実態調査」によると、従業員5人以上の事業所に雇用されている精神障害者は**21.5**万人である。

解答146 ○ 1948年に国立国府台病院に「**社会事業婦**」が配置されたことが、日本における精神科ソーシャルワーカーの誕生であったとされている。
21-21

解答147 × 日本精神医学ソーシャル・ワーカー協会が設立されたのは、**Y問題**[★19]よりも**前**である。

解答148 × 日本精神医学ソーシャル・ワーカー協会の主たる構成員は、**精神科病院**に勤務するソーシャルワーカーであった。
21-21

解答149 × Y問題とは、「**精神科ソーシャルワーカー**が**クライエント**の権利侵害に加担した」とされた問題である。

解答150 × Y問題では、精神科ソーシャルワーカーの**専門職としてのあり方**が問われた。

解答151 ○ 1965年の精神衛生法改正では、精神衛生相談員の任用資格に精神科ソーシャルワーカーが含まれて**いた**。

解答152 ○ **1968**年の**クラーク報告書**では、将来的に精神科病院の入院患者の高齢化が大きな課題になることが指摘されていた。

解答153 ○ **1982**年の**札幌宣言**で、「精神障害者の社会的復権と福祉のための専門的・社会的活動」を精神科ソーシャルワーカーの目的に据えた。
20-37

解答154 × 札幌宣言の**後**に、精神科ソーシャルワーカーの業務の根拠となる倫理綱領および具体的な業務内容である業務指針が策定された。

解答155 × 1993年以降2年ごとに、**障害者基本法**、**精神保健福祉法**、**精神保健福祉士法**の順に成立した。

3 精神保健福祉の原理

2 原理・価値

問題156 社会のなかで本来は認められていなければならない権利を取り戻す過程のことを、社会的復権という。

問題157 社会福祉基礎構造改革により、公的責任の重要性が再認識されることとなった。

問題158 退院への意欲がみられない長期入院者に対して退院への動機づけを行うことは、権利擁護に則したかかわりであるといえる。

問題159 自己決定の尊重が精神科ソーシャルワーカーによる実践の価値として明確に位置づけられたのは、1982年の札幌宣言である。

問題160 「精神保健福祉士の倫理綱領」における自己決定とは、自己実現につながるもののことを意味している。

問題161 「ソーシャルワーク専門職のグローバル定義」におけるソーシャルワークの諸原理には、自己決定、人権、多職種協働などがある。

問題162 「ソーシャルワーク専門職のグローバル定義」において、ソーシャルワークは「実践に基づいた専門職であり学問である」とされている。

問題163 「ソーシャルワーク専門職のグローバル定義」において、ソーシャルワークは「人々のために」働くという考え方によるとされている。

問題164 谷中輝雄は、精神障害者を生活者として捉え、「生活のしづらさ」は能動的な経験や体験を通じて改善できるとした。

問題165 「ごく当たり前の生活」とは、「一般的な、ごく普通の生活」のことを意味している。

3 観点・視点

問題166 人と環境が相互に作用しあう接点に介入するソーシャルワークの実践モデルを、生活モデルという。

問題167 ジェノグラムとは、人、環境、状況の全体像を俯瞰するためのツールである。

問題168 精神障害者が人間としての尊厳や権利を取り戻すためには、「生活者」という視点が不可欠である。

問題169 クライエントの得意分野や向上心などの健康的な部分のことを、ストレングスという。

解答156 ○ 社会のなかで本来は認められていなければならない権利を取り戻す過程のことを、**社会的復権**という。

解答157 × 社会福祉基礎構造改革により、**権利擁護**の重要性が再認識されることとなった。

解答158 (22-28) ○ 退院への意欲がみられない長期入院者に対して退院への動機づけを行うことは、権利擁護に則したかかわりである**といえる**。

解答159 × 自己決定の尊重が精神科ソーシャルワーカーによる実践の価値として明確に位置づけられたのは、**1988**年の**倫理綱領制定**である。

解答160 ○ 「精神保健福祉士の倫理綱領」における自己決定とは、**自己実現**につながるもののことを意味している。

解答161 (25-24) × 「ソーシャルワーク専門職のグローバル定義」におけるソーシャルワークの諸原理には、**社会正義**、人権、**多様性尊重**などがある。

解答162 (25-24) ○ 「ソーシャルワーク専門職のグローバル定義」において、ソーシャルワークは「**実践に基づいた専門職であり学問である**」とされている。

解答163 (25-24) × 「ソーシャルワーク専門職のグローバル定義」において、ソーシャルワークは「**人々とともに**」働くという考え方によるとされている。

解答164 (18-25) ○ **谷中輝雄**★20は、精神障害者を生活者として捉え、「生活のしづらさ」は能動的な経験や体験を通じて改善できるとした。

解答165 (20-37) × 「ごく当たり前の生活」とは、「**その人なりの、その人らしい生活**」のことを意味している。

解答166 (21-24) ○ 人と環境が相互に作用しあう接点に介入するソーシャルワークの実践モデルを、**生活モデル**という。

解答167 (24-21) × **エコマップ**とは、人、環境、状況の全体像を俯瞰するためのツールである。

解答168 ○ 精神障害者が人間としての尊厳や権利を取り戻すためには、「**生活者**」という視点が不可欠である。

解答169 (21-24) ○ クライエントの得意分野や向上心などの健康的な部分のことを、**ストレングス**という。

問題170 生活者の視点に基づく支援では、クライエントに生活上の困難を生じさせているクライエント自身の意識の変革を重視する。

問題171 パワーレスな状態に陥らせる過程のことを、エンパワメントという。

問題172 精神障害者のリカバリーとは、病気になる前の状態に戻ることである。

問題173 アンソニー, W. A. は、リカバリーを「きわめて社会的なものである」とした。

問題174 ディーガン, P. E. は、リカバリーを「課題に立ち向かい、人生の意味と目的を再構築することである」とした。

問題175 潜在的に備わっている逆境からの復元力のことを、リフレクティングという。

問題176 固定化されたネガティブなイメージを適切なものに変容させるための活動を、アンチスティグマという。

問題177 2004年の「精神保健医療福祉の改革ビジョン」では、「こころのバリアフリー宣言」が表明された。

問題178 精神保健福祉ボランティアには、精神障害者と地域住民との橋渡し役が期待されている。

4 関係性

問題179 援助関係とは、援助の過程において無意識に形成される、一過性の関係である。

問題180 ソーシャルワーカーが、自身とクライエントの立場を行き来しながらクライエントへの理解を深めようとする関係性を、相互的関係という。

問題181 「ともにある」という水平的関係のことを、間主観という。

問題182 「クライエントこそ専門家である」と表現されるソーシャルワーカーとクライエントとの関係性のことを、逆援助関係という。

問題183 クライエントとの協働関係において、ソーシャルワーカーには「無知の姿勢」が求められる。

問題184 当事者と専門職のそれぞれがもつ知恵や知識をもち寄り、ともに学びあう場をつくっていくことを、コ・プロダクションという。

解答170 × 生活者の視点に基づく支援では、クライエントに生活上の困難を生じさせている**環境を整えること**を重視する。

解答171 × パワーレスな状態の**低減を目指す**過程のことを、エンパワメント★21という。
(25-37)

解答172 × 精神障害者のリカバリーとは、**人間としての尊厳を獲得する過程や状態の**ことである。
(22-39)

解答173 × アンソニー, W. A. は、リカバリーを「きわめて**個人**的なものである」とした。

解答174 ○ **ディーガン, P. E.** は、リカバリーを「課題に立ち向かい、人生の意味と目的を再構築することである」とした。
(22-39)

解答175 × 潜在的に備わっている逆境からの復元力のことを、レジリエンス★22という。
(22-26)

解答176 ○ 固定化されたネガティブなイメージを適切なものに変容させるための活動を、**アンチスティグマ**という。

解答177 ○ 2004年の「精神保健医療福祉の改革ビジョン」では、「**こころのバリアフリー宣言**」が表明された。

解答178 ○ **精神保健福祉ボランティア**には、精神障害者と地域住民との橋渡し役が期待されている。
(19-46)

解答179 × 援助関係とは、援助の過程において**意図的**に形成される、一過性の関係である。

解答180 × ソーシャルワーカーが、自身とクライエントの立場を行き来しながらクライエントへの理解を深めようとする関係性を、**循環的**関係という。

解答181 ○ 「ともにある」という水平的関係のことを、**間主観**という。

解答182 × 「クライエントこそ専門家である」と表現されるソーシャルワーカーとクライエントとの関係性のことを、**協働関係**という。

解答183 ○ クライエントとの協働関係において、ソーシャルワーカーには「**無知の姿勢**」が求められる。

解答184 ○ 当事者と専門職のそれぞれがもつ知恵や知識をもち寄り、ともに学びあう場をつくっていくことを、**コ・プロダクション**という。

問題185 援助者の裁量権がクライエントの自己決定権を侵害し得ることを、加害者性という。

❻「精神保健福祉士」の機能と役割

1 精神保健福祉士法

問題186 2010年の精神保健福祉士法改正では、成年後見制度の利用に関する相談に応じることが精神保健福祉士の役割として明記された。

問題187 精神保健福祉士の名称を用いるためには、精神保健福祉士法に基づく登録の手続きが必要である。

問題188 精神保健福祉士は、業務独占の国家資格である。

問題189 精神保健福祉士法では、「常にクライエントの立場に立って誠実に業務を行うこと」を精神保健福祉士の義務として規定している。

問題190 精神保健福祉士が精神保健福祉士の信用を傷つけるような行為をすることは、法律で禁止されている。

問題191 精神保健福祉士がクライエントの秘密を開示する正当な理由には、保護者からの要求や主治医からの指示などがある。

問題192 精神保健福祉士法における秘密保持義務は、精神保健福祉士である間に限って適用される。

問題193 クライエントに主治医がいる場合、精神保健福祉士はその指示を受けなければならないとされている。

問題194 「資質向上の責務」は、精神保健福祉士法の2010年改正時より規定されている。

問題195 社会福祉士及び介護福祉士法は、地域包括ケアシステムを構築する目的で制定された法律である。

問題196 社会福祉士及び介護福祉士法において、社会福祉士は、心身の障害や環境上の理由により日常生活に支障がある者を支援の対象としている。

2 精神保健福祉士の職業倫理

問題197 秋山智久は、体系的な理論や伝達可能な技術のほかに、倫理綱領があることをソーシャルワーク専門職であるための条件であるとした。

問題198 「精神保健福祉士の倫理綱領」において、精神保健福祉士が基盤とする学問は、社会福祉学であるとされている。

解答185 ○ 援助者の裁量権がクライエントの自己決定権を侵害し得ることを、**加害者性**という。

解答186 × 2010年の精神保健福祉士法改正では、**地域相談支援**の利用に関する相談に応じることが精神保健福祉士の役割として明記された。
(21-21)

解答187 ○ 精神保健福祉士の名称を用いるためには、精神保健福祉士法に基づく**登録**の手続きが必要である。

解答188 × 精神保健福祉士は、**名称**独占の国家資格である。
(19-62)

解答189 ○ 精神保健福祉士法[★23]では、「常にクライエントの立場に立って誠実に業務を行うこと」を精神保健福祉士の**義務**として規定している。
(20-21)

解答190 ○ 精神保健福祉士が精神保健福祉士の信用を傷つけるような行為をすることは、法律で禁止されて**いる**。
(20-21)

解答191 × 精神保健福祉士がクライエントの秘密を開示する正当な理由には、**虐待の通告**や**自傷他害行為からの保護**などがある。
(24-28)

解答192 × 精神保健福祉士法における秘密保持義務は、精神保健福祉士で**なくなった後も**適用される。
(20-21)

解答193 × クライエントに主治医がいる場合、精神保健福祉士はその**指導**を受けなければならないとされている。
(19-62)

解答194 ○ 「資質向上の責務」は、精神保健福祉士法の**2010年改正**時より規定されている。
(25-21)

解答195 × 社会福祉士及び介護福祉士法は、**増大する介護需要への対応を見据えて**制定された法律である。
(25-22)

解答196 ○ 社会福祉士及び介護福祉士法において、**社会福祉士**は、心身の障害や環境上の理由により日常生活に支障がある者を支援の対象としている。
(16-23)

解答197 ○ 秋山智久は、体系的な理論や伝達可能な技術のほかに、**倫理綱領**があることをソーシャルワーク専門職であるための条件であるとした。

解答198 ○ 「精神保健福祉士の倫理綱領」において、精神保健福祉士が基盤とする学問は、**社会福祉学**であるとされている。

問題199 自己決定においてクライエントが決定することが困難な場合、精神保健福祉士は、クライエントの代理人に意思決定を依頼しなければならない。

問題200 クライエントからの要求があるときは、速やかにすべての記録を開示しなければならない。

問題201 クライエントと所属機関の利益が相反する場合などにソーシャルワーカーが抱える心理的葛藤を、倫理的ジレンマという。

問題202 グリーンウッド，E. は、ソーシャルワーカーの倫理的ジレンマを、直接的実践に関するものと間接的実践活動に関するものに整理した。

問題203 目的や価値を共有している同職種間において、倫理的ジレンマが生じることはある。

問題204 クライエントの権利を侵害しやすい組織のなかでクライエントの権利擁護を担うという矛盾した状況を、内的葛藤という。

問題205 職能団体には、自己研鑽のみならず、同一職種間での支え合いを担う役割がある。

3 精神保健福祉士の業務特性

問題206 精神保健福祉士は、支援の場面や状況を精神保健福祉士の価値や理念に則して整理しなければならない。

問題207 ミクロレベル・メゾレベル・マクロレベルのソーシャルワークは、それぞれが独立して展開される。

問題208 クライエントの家族に対する支援は、ミクロレベルでの業務である。

問題209 一つの支援終結事例を取り上げて行う多職種での事例検討会は、ミクロレベルでの業務である。

問題210 社会福祉制度を効果的に運用するために環境の整備を行うことは、マクロレベルでの業務である。

4 精神保健福祉士の職場・職域

問題211 精神保健福祉士は、スクールソーシャルワーカーとして従事することができない。

問題212 医療機関において、精神保健福祉士には医療職の一員としての役割が求められる。

解答199 ✕ 自己決定においてクライエントが決定することが困難な場合、精神保健福祉士は、**クライエントの利益を守るために最大限の努力**をしなければならない。

解答200 ✕ クライエントからの要求があるときは、**第三者の秘密保護に留意したうえで**記録を開示しなければならない。

解答201 〇 (22-21) クライエントと所属機関の利益が相反する場合などにソーシャルワーカーが抱える心理的葛藤を、**倫理的ジレンマ**という。

解答202 ✕ **リーマー, F. G.** は、ソーシャルワーカーの倫理的ジレンマを、直接的実践に関するものと間接的実践活動に関するものに整理した。

解答203 〇 目的や価値を共有している同職種間において、倫理的ジレンマが生じることは**ある**。

解答204 ✕ クライエントの権利を侵害しやすい組織のなかでクライエントの権利擁護を担うという矛盾した状況を、**二重拘束**という。

解答205 〇 職能団体には、自己研鑽のみならず、**同一職種間**での支え合いを担う役割がある。

解答206 〇 精神保健福祉士は、支援の場面や状況を精神保健福祉士の**価値**や**理念**に則して整理しなければならない。

解答207 ✕ ミクロレベル・メゾレベル・マクロレベルのソーシャルワークは、それぞれが**連続および重複**して展開される。

解答208 〇 (22-29) クライエントの家族に対する支援は、**ミクロ**レベルでの業務である。

解答209 ✕ 一つの支援終結事例を取り上げて行う多職種での事例検討会は、**メゾ**レベルでの業務である。

解答210 〇 (22-29) 社会福祉制度を効果的に運用するために環境の整備を行うことは、**マクロ**レベルでの業務である。

解答211 ✕ 精神保健福祉士は、スクールソーシャルワーカーとして従事することが**できる**。

解答212 ✕ 医療機関において、精神保健福祉士には**福祉**職の一員としての役割が求められる。

問題213 保健所には相談支援専門員として精神保健福祉士を配置することができる。

問題214 重層的支援体制の整備においては、ミクロ・メゾ・マクロレベルを統合した包括的アプローチが求められる。

5 精神保健福祉士の業務内容と業務指針

問題215 「精神障害者の家族成員それぞれの生活の質の向上」に関する業務は、精神保健福祉士の業務に含まれない。

問題216 「精神保健福祉士業務指針」では、経済的問題を「人と環境の相互作用」という視点で捉える。

問題217 「精神保健福祉士業務指針」には、どの分野にも共通の指針と所属機関における役職別の指針の両方が示されている。

問題218 「精神保健福祉士業務指針」は、アクセシビリティのためのツールとなる。

解答213 × 保健所には**精神保健福祉相談員**として精神保健福祉士を配置することができる。

解答214 ○ 重層的支援体制の整備においては、ミクロ・メゾ・マクロレベルを統合した**包括的アプローチ**が求められる。

解答215 × 「精神障害者の家族成員それぞれの生活の質の向上」に関する業務は、精神保健福祉士の業務に**含まれる**。

解答216 ○ 「精神保健福祉士業務指針」では、経済的問題を「**人と環境の相互作用**」という視点で捉える。

解答217 × 「精神保健福祉士業務指針」には、どの分野にも共通の指針と所属機関**の分野**別の指針の両方が示されている。

解答218 × 「精神保健福祉士業務指針」は、**アカウンタビリティ**のためのツールとなる。

◆ 試験問題が解きやすくなる用語一覧 ◆

★1　ノーマライゼーション

訓練によって障害者をノーマルにすることではなく、障害があってもノーマルな暮らしができるような社会にするべきであるという考え方のこと。バンク-ミケルセン, N. E. が理念を提唱し、ニィリエ, B. が原理として広めた。

★2　自立生活運動

1960年代後半、アメリカの大学生らが地域での自立生活を実現するために始めた当事者運動のこと。自分のことをすべて自分でするという自立から、人の手を借りながら自分らしく暮らすという自立へと、「自立観」を変革するきっかけとなった。

★3　国際障害者年

1976年に国際連合が「5年後を国際障害者年とする」ことを決議したことによって、1981年が国際障害者年となった。目的を「完全参加と平等」として掲げ、障害の捉え方や社会のあり方について国際社会で議論がなされた。

★4　障害者権利条約

障害者の権利を実現するための条約。2006年に国連総会にて採択され、2008年に発効した。日本は140番目の国・地域として2014年に批准している。本条約は「人は誰でも自己決定できる」ということを前提としているため、「適切な判断能力がない」ことを前提とした非自発的入院などとは相違が生じている。

★5　合理的配慮

障害者権利条約で示された障害者への配慮および差別に関する考え方のこと。具体的には、個別での特別な対応が必要とされる場面で、過度な負担なく障害者の機会の平等を守るための配慮のことをいう。障害者権利条約には、合理的配慮の不提供は差別であると明記されている。

★6　精神衛生法

1950年に成立。同時に精神病者監護法と精神病院法は廃止された。主目的は精神疾患の治療よりも社会の秩序を守ることであり、社会防衛思想に基づく法律である。精神病床を増やすために精神病院開設国庫補助制度や精神科特例が設けられた。結果として、精神科病院ブームにより精神病床は急増した。

★7　ライシャワー事件

1964年に精神科病院への入院歴がある少年が駐日アメリカ大使を刺傷した事件。翌年には社会防衛思想に基づく精神衛生法改正がなされ、通院医療費公費負担制度、保健所への精神衛生相談員の配置などが規定された。

★8　精神保健法

宇都宮病院事件を契機として1987年に精神衛生法が精神保健法へと改正された。社会復帰施設の法定化、本人の同意に基づく任意入院制度の創設、退院請求や処遇改善請求などを審査する精神医療審査会制度の創設など、精神障害者の人権への配慮がなされた。

★9　社会的障壁

日常生活や社会生活を制限するような事物、制度、慣行、観念などのこと。障害者権利条約や障害者基本法では、これらにより社会参加を妨げられている人のことを障害者に含めている。したがって、社会的障壁を除去することは、誰もが平等に参加できる社会を構築するうえで、重要な視点となる。

★10　法律第180号(バザーリア法)

1978年に成立。イタリアの精神科病院の廃止および精神医療改革を具現化するための法律である。精神科医のバザーリア, F. は「自由こそ治療だ」という価値観に基づき、病院中心から地域中心での精神医療へと改革を推進した。

★11　精神病者監護法

1900年に施行された精神障害者の保護に関する最初の法律。家族や親族などに精神病者の監護義務が負わされており、監護の方法として私宅監置を認めていた。監護にかかる費用は私費で負担しなければならず、また、私宅監置の許可は警察の管轄であった。

★12　呉秀三

精神科医。全国の私宅監置の状況を調査し、1918年に「精神病者私宅監置の実況及び其統計的観察」を発表した。そのなかで、当時の精神障害者が置かれていた劣悪な環境について言及し、人道的な医療の必要性を訴えた。

★13　精神病院法

1919年に成立。「私宅監置ではなく公的責任による医療を」という呉秀三らの主張に応じる法律とはなったものの、予算不足等により公立の精神科病院建設は進まなかった。一方で、民間の精神科病院は徐々に増加し、一部の私立病院には公立病院の代用措置がとられた。

★14　宇都宮病院事件

1984年に発覚した精神科病院の入院患者に対する職員らによる暴行死事件。この事件をきっかけに日本の精神医療が広く知られ、諸外国からも批判を受けた。その後、1987年に精神衛生法が精神保健法へと改正された。

★15　施設症

長期にわたり社会から隔絶された空間での集団生活を強いられることで、気力、自発性、興味、関心、意欲などを失い、受動的な状態に陥ること。長期入院患者の意欲減退などは、疾患によるもの以外に、施設症によるものが指摘されている。

★16　ミル, J. S. の『自由論』

「自由権を行使する以上、その結果に対する責任も引き受けなければならない」とする考え方。この考え方が精神障害者にも適用され、「自己責任をとれない人の自由を制限することはやむを得ない」として、精神障害者に対する非自発的入院が正当化された。

★17　精神保健福祉法

1993年に成立した障害者基本法により、精神障害者が「障害者」に位置づけられたことを契機として、1995年に精神保健法が精神保健福祉法へと改正された。精神障害者の社会復帰のみならず、社会参加を目的とした法律である。

★18 保護者制度

精神障害者の家族等に精神障害者の監護、監督義務を負わせることを規定した制度。精神病者監護法では監護義務者、精神衛生法では保護義務者、1993年の精神保健法改正以降は保護者という名称がそれぞれ用いられていた。1999年の精神保健福祉法改正により自傷他害防止監督義務が削除され、2013年の精神保健福祉法改正において保護者制度そのものが廃止された。

★19 Y問題

「Yさんには精神疾患がある」という保健所の精神科ソーシャルワーカーの判断から発生した不法強制入院問題を指す。1973年にYさん本人から問題提起されたことで精神科ソーシャルワーカーのあり方についての議論が展開され、1982年の札幌宣言、1988年の倫理綱領の策定へとつながった。

★20 谷中輝雄

精神障害者の社会復帰施設「やどかりの里」を創設した精神科ソーシャルワーカー。障害を個人に帰するのではなく、生活者の「生活のしづらさ」として明らかにし、それを福祉的援助やさまざまな経験の積み重ねによって克服することで「ごく当たり前の生活」が実現できるとした。

★21 エンパワメント

社会環境によって抑圧され、力を失った状態（パワーレス）にさせられている人々が、本来のパワー（権利や能力）を取り戻し、それを社会のなかで活用できるようになること。ソーシャルワーカーには、クライエントのエンパワメントを目標とした支援が求められる。

★22 レジリエンス

逆境においても前向きに適応していく力（回復力・復元力）のこと。「脆弱性」とは対極に位置する概念。疾患、障害、災害など暮らしや人生におけるさまざまな難局を乗り越えられるかそうでないかは、個人や地域社会などに備わっているレジリエンスにも影響を受ける。

★23 精神保健福祉士法

1997年に成立。精神保健福祉士の定義のほかに、五つの義務規定（誠実義務、信用失墜行為の禁止、秘密保持義務、連携等、資質向上の責務）が定められている。

第 4 章

ソーシャルワークの理論と方法（専門）

1 ソーシャルワークの構成要素

問題1 ソーシャルワークとは、社会福祉制度を具体化する方法である。

問題2 社会正義は、ソーシャルワーク専門職のグローバル定義と全米ソーシャルワーカー連盟においてソーシャルワークの原則とされている。

問題3 特別支援学校での教育は、インテグレーションの例である。

問題4 人々の潜在的可能性や強さに支援の拠点を置くことを、エコロジカル視点という。

問題5 ソーシャルワーカーがクライエントの意向を代弁することを、アドヒアランスという。

問題6 障害者が自ら権利を主張する活動を行うことを、セルフアドボカシーという。

2 ソーシャルワークの展開過程

問題7 インフォーマルな社会資源とは、家族、友人、近隣住民、同僚などを指す。

問題8 「ケースの発見」は、ニーズを抱えている精神障害者本人からの相談に限定されている。

問題9 エンゲージメントとは、インテークを拡大した概念であり、クライエントとの信頼関係を深める段階である。

問題10 アセスメントとは、支援開始後におおよその状況判断を行うことである。

問題11 SWOT分析とは、環境を「強み、弱み、機会、脅威」のマトリックスでクロス分析するものである。

問題12 ニーズを充足するための個別の支援計画を立案する段階を、プランニングという。

問題13 ニーズの充足のために関係者が個々の役割を担い支援することを、エバリュエーションという。

問題14 支援の進捗状況や課題の達成度を確認することを、モニタリングという。

問題15 モニタリングは、関係者のみで、必要に応じて行うことが望ましい。

解答1 ○ ソーシャルワークとは、社会福祉制度を**具体化**する方法である。

解答2 (25-24) ○ 社会正義は、ソーシャルワーク専門職のグローバル定義と全米ソーシャルワーカー連盟においてソーシャルワークの**原則**とされている。

解答3 × 特別支援学校での教育は、**セグリゲート**の例である。

解答4 × 人々の潜在的可能性や強さに支援の拠点を置くことを、**ストレングス視点**という。

解答5 (24-36) × ソーシャルワーカーがクライエントの意向を代弁することを、**アドボカシー**という。

解答6 (23-27) ○ 障害者が自ら権利を主張する活動を行うことを、**セルフアドボカシー**という。

解答7 ○ **インフォーマル**な社会資源とは、家族、友人、近隣住民、同僚などを指す。

解答8 × 「ケースの発見」は、ニーズを抱えている精神障害者本人からの相談に限定されて**いない**。

解答9 ○ **エンゲージメント**とは、インテークを拡大した概念であり、クライエントとの信頼関係を深める段階である。

解答10 × アセスメントとは、支援開始**前**におおよその状況判断を行うことである。

解答11 (25-55) ○ **SWOT分析**★1とは、環境を「強み、弱み、機会、脅威」のマトリックスでクロス分析するものである。

解答12 (21-43) ○ ニーズを充足するための個別の支援計画を立案する段階を、**プランニング**という。

解答13 (24-40) × ニーズの充足のために関係者が個々の役割を担い支援することを、**インターベンション**という。

解答14 (25-42) ○ 支援の進捗状況や課題の達成度を確認することを、**モニタリング**という。

解答15 × モニタリングは、**クライエント**とともに、**定期的**に行うことが望ましい。

問題16 支援が終結した際に、実施したソーシャルワークの過程全体を事後評価することを、ターミネーションという。

問題17 支援が終結した後のアフターケアやフォローアップは、ソーシャルワークの展開過程に含まれていない。

問題18 相互作用モデルとは、クライエントと取り巻く環境を一つのシステムとして捉えようとするものである。

問題19 ミクロ、メゾ、マクロの各領域におけるソーシャルワーク実践は、不明瞭な境界と連続性のなかで展開されている。

3 精神保健福祉分野のソーシャルワークの基本的視点

問題20 生活モデルにおける視点は、人と環境との相互作用にある。

問題21 「人—環境」視点における環境アセスメントでは、クライエントの主観的な視点を考慮に入れない。

問題22 バイオサイコソーシャルモデルでは、人の内的作用と外的環境の相互作用から、環境への適応を説明する。

問題23 精神障害者の家族において、役割拘束をより強く受けているのは、きょうだいよりも親である。

問題24 ソーシャルワークは、精神障害を固定化しているものとして捉えて実践する。

問題25 精神障害者とかかわる人が抱えている困難を理解することは、ソーシャルワーク実践に含まれる。

❷ 精神保健福祉分野におけるソーシャルワークの過程

1 アウトリーチ

問題26 アウトリーチとは、専門職が地域に出向いて支援することの総称である。

問題27 支援を求めていない人は、アウトリーチの対象に含まれない。

問題28 ACT（包括型地域生活支援プログラム）は、1960年代後半のアメリカにおける脱施設化政策のもとで形成された。

問題29 ACT（包括型地域生活支援プログラム）では、24時間365日の体制で包括的な支援を実施する。

解答16 × 支援が終結した際に、実施したソーシャルワークの過程全体を事後評価することを、**エバリュエーション**という。
(20-47)

解答17 × 支援が終結した後のアフターケアやフォローアップは、ソーシャルワークの展開過程に**含まれている**。

解答18 × **クライエントシステム**とは、クライエントと取り巻く環境を一つのシステムとして捉えようとするものである。

解答19 ○ ミクロ、メゾ、マクロの各領域におけるソーシャルワーク実践は、**不明瞭**な境界と**連続性**のなかで展開されている。

解答20 ○ 生活モデルにおける視点は、**人と環境との相互作用**にある。
(24-23)

解答21 × 「人―環境」視点における環境アセスメントでは、クライエントの主観的な視点を考慮に**入れる**。

解答22 ○ **バイオサイコソーシャルモデル**では、人の内的作用と外的環境の相互作用から、環境への適応を説明する。
(26-33)

解答23 × 精神障害者の家族において、役割拘束[★2]をより強く受けているのは、**親**よりも**きょうだい**である。

解答24 × ソーシャルワークは、精神障害を**ゆれ動くもの**として捉えて実践する。

解答25 ○ 精神障害者とかかわる人が抱えている困難を理解することは、ソーシャルワーク実践に**含まれる**。

解答26 ○ **アウトリーチ**とは、専門職が地域に出向いて支援することの総称である。
(23-58)

解答27 × 支援を求めていない人は、アウトリーチの対象に**含まれる**。

解答28 ○ **ACT（包括型地域生活支援プログラム）**は、1960年代後半のアメリカにおける脱施設化政策のもとで形成された。

解答29 ○ ACT（包括型地域生活支援プログラム）では、**24時間365日**の体制で包括的な支援を実施する。
(20-75)

問題30 精神保健福祉士による精神科退院前訪問指導は、診療報酬の対象とされていない。

問題31 精神科退院前訪問指導料は、１回の入院につき原則６回まで算定できる。

問題32 セルフネグレクトとは、自分の世話を自ら放棄することである。

2 インテーク

問題33 インテークは、ソーシャルワークの終結時期に行う。

問題34 インテーク面接は、複数回にわたって行うこともある。

問題35 インテークの主な目的は、主訴の把握とプランニングである。

問題36 ソーシャルワーカーが、自身の所属機関の機能とクライエントの状況とを照合することを、スクリーニングという。

問題37 クライエントが希望する支援を受けられるように別の機関へつなぐことを、リファーラルという。

問題38 所属機関の機能とクライエントの希望が一致しない場合は、例外として可能な限りの支援を行うことが望ましい。

問題39 インテークにおける契約では、クライエントとソーシャルワーカーの双方が支援内容について合意する必要がある。

問題40 契約締結前の説明と同意のことを、コンサルテーションという。

3 アセスメント

問題41 アセスメントとは、支援方針を決定するための情報収集である。

問題42 アセスメントで得た情報をもとに、インテーク面接を行う。

問題43 学歴や家族歴などのプライバシーに関することは、アセスメントにおける情報収集の対象に含まれない。

問題44 クライエント以外の関係者から情報収集をする場合、その旨をクライエント本人に事前に伝えて了承を得ることが原則である。

問題45 アセスメントで収集した情報は、できるだけクライエントの視点から分析する。

解答30 × 精神保健福祉士による精神科退院前訪問指導[★3]は、診療報酬の対象とされている。

解答31 × 精神科退院前訪問指導料は、1回の入院につき原則3回まで算定できる。

解答32 ○ セルフネグレクトとは、自分の世話を自ら放棄することである。

解答33 × インテークは、ソーシャルワークの導入時期に行う。

解答34 ○ インテーク面接は、複数回にわたって行うこともある。
(25-26)

解答35 × インテークの主な目的は、主訴の把握とスクリーニングである。
(25-26)

解答36 ○ ソーシャルワーカーが、自身の所属機関の機能とクライエントの状況とを照合することを、スクリーニングという。
(21-42)

解答37 ○ クライエントが希望する支援を受けられるように別の機関へつなぐことを、リファーラル[★4]という。
(26-55)

解答38 × 所属機関の機能とクライエントの希望が一致しない場合は、リファーラルを行うことが望ましい。

解答39 ○ インテークにおける契約では、クライエントとソーシャルワーカーの双方が支援内容について合意する必要がある。

解答40 × 契約締結前の説明と同意のことを、インフォームドコンセントという。

解答41 ○ アセスメントとは、支援方針を決定するための情報収集である。
(19-56)

解答42 × アセスメントで得た情報をもとに、プランニングを行う。

解答43 × 学歴や家族歴などのプライバシーに関することは、アセスメントにおける情報収集の対象に含まれる。

解答44 ○ クライエント以外の関係者から情報収集をする場合、その旨をクライエント本人に事前に伝えて了承を得ることが原則である。

解答45 × アセスメントで収集した情報は、できるだけ多面的・客観的に分析する。

問題46 ICFモデルに基づいた情報整理は、「できる・できない」の二者択一によらない多角的な情報分析を可能にする。

問題47 数世代にわたる家族関係を示す図表式の記録のことを、ジェノグラムという。

問題48 ソシオグラムとは、人間関係や社会資源を視覚的に捉えるための図表式の記録のことである。

4 援助関係の形成技法

問題49 援助関係とは、職業的関係であり、私的関係とは明確に異なる。

問題50 援助関係におけるラポールは、自然発生的に形成される。

問題51 意図的か否かを問わず、支援者の独断で援助を進めることを、パターナリズムという。

問題52 バイステックの7原則における「意図的な感情表出」とは、ソーシャルワーカーの感情表出を意図的に行うことである。

問題53 バイステックの7原則における「統制された情緒的関与」とは、クライエントが自身の感情を適切にコントロールすることである。

問題54 支援者とクライエントの双方が、相手の目に映る自分の姿を想像しながらかかわる関係性のことを、循環的関係という。

問題55 転移・逆転移は、精神分析で用いられる概念であり、ソーシャルワーカーとクライエントとの間に生じることはない。

問題56 防衛機制とは、学習による適応の方法である。

問題57 自分の失敗にもっともらしい理由をつけて正当化しようとすることを、反動形成という。

問題58 支援者は、クライエントに対して自らの個人的な情報などを明らかにすることがある。

問題59 支援者とクライエントとの境界線のことを、バウンダリーという。

問題60 自己覚知とは、ソーシャルワーカーが他者の価値観、個性、知識などを客観的に認識することである。

問題61 ソーシャルワーカーとクライエントとの間に構築される、対等な立場での協働関係を、パートナーシップという。

解答46 ○ ICFモデルに基づいた情報整理は、「できる・できない」の二者択一によらない多角的な情報分析を可能にする。

解答47 (20-40) ○ 数世代にわたる家族関係を示す図表式の記録のことを、ジェノグラムという。

解答48 (24-21) × エコマップとは、人間関係や社会資源を視覚的に捉えるための図表式の記録のことである。

解答49 ○ 援助関係とは、職業的関係であり、私的関係とは明確に異なる。

解答50 × 援助関係におけるラポール★5は、意図的に形成される。

解答51 ○ 意図的か否かを問わず、支援者の独断で援助を進めることを、パターナリズムという。

解答52 × バイステックの7原則★6における「意図的な感情表出」とは、クライエントの感情表出を意図的に促すことである。

解答53 × バイステックの7原則における「統制された情緒的関与」とは、ソーシャルワーカーが自身の感情を適切にコントロールすることである。

解答54 ○ 支援者とクライエントの双方が、相手の目に映る自分の姿を想像しながらかかわる関係性のことを、循環的関係★7という。

解答55 × 転移・逆転移は、精神分析で用いられる概念であり、ソーシャルワーカーとクライエントとの間に生じることもある。

解答56 × 防衛機制★8とは、無意識下での適応の方法である。

解答57 × 自分の失敗にもっともらしい理由をつけて正当化しようとすることを、合理化という。

解答58 ○ 支援者は、クライエントに対して自らの個人的な情報などを明らかにすることがある。

解答59 ○ 支援者とクライエントとの境界線のことを、バウンダリーという。

解答60 × 自己覚知とは、ソーシャルワーカーが自身の価値観、個性、知識などを客観的に認識することである。

解答61 (26-31) ○ ソーシャルワーカーとクライエントとの間に構築される、対等な立場での協働関係を、パートナーシップという。

5 面接技術とその応用

問題62 生活場面面接は、ソーシャルワーク面接に含まれる。

問題63 面接に対するソーシャルワーカーの葛藤を減らすためには、面接を構造化しないほうがよい。

問題64 クライエントの語りに対して肯定的な態度を示すことを、アクティブラーニングという。

問題65 面接において自殺のおそれがあると判断した場合、クライエントにはそのことを率直に尋ねるほうがよいとされている。

問題66 面接におけるコミュニケーションの技法の単位のことを、マイクロ技法という。

問題67 回答の自由度が高い質問は、開かれた質問よりも閉じられた質問である。

問題68 言い換えや要約は、クライエントに「ソーシャルワーカーがクライエントの話を理解している」という印象を与える。

問題69 クライエント自身が言語化できない感情をソーシャルワーカーが言語化することを、感情の反映という。

問題70 クライエントが話した内容の矛盾点を見定めて指摘することを、評価という。

問題71 クライエントの話に肯定的な意味づけを行うことを、リフレーミングという。

問題72 問題が解決した場合の状況についての質問を、コーピングクエスチョンという。

問題73 スケーリングクエスチョンやミラクルクエスチョンは、認知行動療法的アプローチで用いる質問である。

問題74 生活場面面接は、依存症患者の行動変容に向かう動機と準備性を高めることを目的とした面接法である。

問題75 グループワークの開始期では、参加するメンバーとの個別面接などにより波長合わせを行う。

問題76 グループワークの開始期では、メンバー間の凝集性を強化する。

解答62 ○ 生活場面面接[★9]は、ソーシャルワーク面接に含まれる。

解答63 × 面接に対するソーシャルワーカーの葛藤を減らすためには、面接を構造化したほうがよい。

解答64 × クライエントの語りに対して肯定的な態度を示すことを、アクティブリスニングという。

解答65 ○ 面接において自殺のおそれがあると判断した場合、クライエントにはそのことを率直に尋ねるほうがよいとされている。

解答66 ○ 面接におけるコミュニケーションの技法の単位のことを、マイクロ技法という。

解答67 × 回答の自由度が高い質問は、閉じられた質問よりも開かれた質問である。

解答68 ○ 言い換えや要約は、クライエントに「ソーシャルワーカーがクライエントの話を理解している」という印象を与える。

解答69 (24-41) ○ クライエント自身が言語化できない感情をソーシャルワーカーが言語化することを、感情の反映という。

解答70 (23-43) × クライエントが話した内容の矛盾点を見定めて指摘することを、直面化という。

解答71 (23-43) ○ クライエントの話に肯定的な意味づけを行うことを、リフレーミングという。

解答72 (25-40) × 問題が解決した場合の状況についての質問を、ミラクルクエスチョンという。

解答73 × スケーリングクエスチョンやミラクルクエスチョンは、解決志向アプローチ[★10]で用いる質問である。

解答74 × 動機づけ面接は、依存症患者の行動変容に向かう動機と準備性を高めることを目的とした面接法である。

解答75 (24-43) × グループワーク[★11]の準備期では、参加するメンバーとの個別面接などにより波長合わせを行う。

解答76 (23-44) ○ グループワークの開始期では、メンバー間の凝集性を強化する。

問題77 グループワークの作業期では、グループ内の相互援助機能を活用して問題の解決に取り組む。

問題78 グループワークの進行においては、役割を定め、規範は定めないことが原則である。

問題79 SST（社会生活技能訓練）は、診療報酬に組み込まれていない。

問題80 WRAP（元気回復行動プラン）とは、精神障害者自身が自分に合った対処法を身につけていくセルフケアのツールである。

6 支援の展開（人、環境へのアプローチ）、事例分析

問題81 エコロジカルアプローチの提唱者は、ジャーメイン，C. B. とギッターマン，A. である。

問題82 エコロジカルアプローチの背景理論は、「人は環境との交互作用を通して生活している」という環境学である。

問題83 家族へのかかわりによってクライエントの生活のしづらさを解決する過程は、エコロジカルアプローチの例である。

問題84 エンパワメントアプローチの提唱者は、コノプカ，G. である。

問題85 エンパワメントアプローチでは、クライエントの社会適応を引き出し、発揮させるための支援を行う。

問題86 組織やコミュニティは、エンパワメントアプローチの対象ではない。

問題87 ピアサポーターとしての活動は、ピアサポーター自身をエンパワメントすることにもつながる。

問題88 オルタナティブストーリーをドミナントストーリーへと転換していく過程を支援することを、ナラティブアプローチという。

問題89 「つらい境遇を生き抜いてきた」というクライエントの思考は、オルタナティブストーリーに該当する。

7 支援の展開（ケアマネジメント）

問題90 ケアマネジメントにおいて、支援の実施状況を確認し把握する段階は、モニタリングである。

問題91 社会資源の改善および開発は、ケアマネジメントに含まれない。

解答77 ○ グループワークの作業期では、グループ内の相互援助機能を活用して問題の解決に取り組む。
(21-45)

解答78 × グループワークの進行においては、規範を定め、役割は定めないことが原則である。
(23-44)

解答79 × SST（社会生活技能訓練）は、診療報酬に組み込まれている。

解答80 ○ WRAP（元気回復行動プラン）とは、精神障害者自身が自分に合った対処法を身につけていくセルフケアのツールである。

解答81 ○ エコロジカルアプローチ★12の提唱者は、ジャーメイン, C. B. とギッターマン, A. である。
(22-23)

解答82 × エコロジカルアプローチの背景理論は、「人は環境との交互作用を通して生活している」という生態学である。

解答83 ○ 家族へのかかわりによってクライエントの生活のしづらさを解決する過程は、エコロジカルアプローチの例である。

解答84 × エンパワメントアプローチ★13の提唱者は、ソロモン, B. B. である。
(26-22)

解答85 × エンパワメントアプローチでは、クライエントの潜在能力を引き出し、発揮させるための支援を行う。

解答86 × 組織やコミュニティは、エンパワメントアプローチの対象である。

解答87 ○ ピアサポーターとしての活動は、ピアサポーター自身をエンパワメントすることにもつながる。

解答88 × ドミナントストーリーをオルタナティブストーリーへと転換していく過程を支援することを、ナラティブアプローチ★14という。

解答89 ○ 「つらい境遇を生き抜いてきた」というクライエントの思考は、オルタナティブストーリーに該当する。
(22-41)

解答90 ○ ケアマネジメントにおいて、支援の実施状況を確認し把握する段階は、モニタリングである。

解答91 × 社会資源の改善および開発は、ケアマネジメントに含まれる。
(25-48)

問題92 ストレングスモデルの提唱者は、トーマス, E. である。

問題93 人的および物的資源を適切に活用し、クライエント自身が問題解決のために積極的に関与することを、ワーカビリティという。

❸ 精神保健福祉分野における家族支援の実際

1 精神障害者家族の課題

問題94 現行の精神保健福祉法において、精神障害者の他害行為に対する家族の監督責任は問われない。

問題95 福祉施策の補助的な位置づけで展開される家族ケアのことを、家族主義的福祉という。

問題96 全国精神保健福祉会連合会（みんなねっと）が2010年に行った提言の中には、「本人自身の就労機会および経済的基盤の保障」が含まれている。

問題97 2017年度に行われた全国調査によると、約７割の家族が精神障害者の精神症状悪化による暴言や暴力を経験している。

問題98 精神障害者へのアウトリーチ型支援は、家族支援体制の構築と一体的に行う。

問題99 ヤングケアラーとは、家族にケアを要する人がいるために、家事や家族の世話などを行っている15歳未満の子どものことである。

問題100 ヤングケアラーには、「ケアから完全に切り離す」ことを前提とした支援が必要である。

2 家族理解の変遷

問題101 フロム・ライヒマン, F. は、統合失調症の原因は母親にあるとする家族病因論を唱えた。

問題102 家族病因論の理論的基盤は、フロイト, S. が提唱した精神分析である。

問題103 家族システム論では、家族は一つのシステムであり、「生き物」としての恒常性や変化があると捉える。

問題104 感情表出の評価尺度のうち、統合失調症の再発にとってより重要な項目は、「敵意」と「肯定的言辞」である。

問題105 家族の感情表出が高いほど、統合失調症の再発率が上がるとされている。

解答92 × ストレングスモデルの提唱者は、ラップ, C. A. である。

解答93 ○ 人的および物的資源を適切に活用し、クライエント自身が問題解決のために積極的に関与することを、ワーカビリティという。

解答94 ○ 現行の精神保健福祉法において、精神障害者の他害行為に対する家族の監督責任は問われない。

解答95 × 家族ケアの補助的な位置づけで展開される福祉施策のことを、家族主義的福祉という。

解答96 × 全国精神保健福祉会連合会（みんなねっと）が2010年に行った提言の中には、「家族自身の就労機会および経済的基盤の保障」が含まれている。

解答97 ○ 2017年度に行われた全国調査によると、約7割の家族が精神障害者の精神症状悪化による暴言や暴力を経験している。

解答98 ○ 精神障害者へのアウトリーチ型支援は、家族支援体制の構築と一体的に行う。

解答99 × ヤングケアラーとは、家族にケアを要する人がいるために、家事や家族の世話などを行っている18歳未満の子どものことである。

解答100 × ヤングケアラーには、「成長期の子どもである」ことを前提とした支援が必要である。

解答101 ○ フロム・ライヒマン, F. は、統合失調症の原因は母親にあるとする家族病因論を唱えた。

解答102 ○ 家族病因論の理論的基盤は、フロイト, S. が提唱した精神分析である。

解答103 ○ 家族システム論では、家族は一つのシステムであり、「生き物」としての恒常性や変化があると捉える。

解答104 × 感情表出の評価尺度のうち、統合失調症の再発にとってより重要な項目は、「批判的コメント」と「情緒的巻き込まれ過ぎ」である。

解答105 ○ 家族の感情表出が高いほど、統合失調症の再発率が上がるとされている。
(26-45)

問題106 サリヴァン, H. S. は、家族心理教育を中心とした家族支援の理論と方法を確立した。

問題107 知識や情報の不足は、家族の感情表出を抑える。

問題108 ジャクソンの7段階説では、「夫のアルコール依存症によるストレスが、妻の言動を偏ったものにする」としている。

問題109 アルコール依存症者の家族による自助グループを、ナラノンという。

3 家族支援の方法

問題110 家族相談面接では、「家族のなかにいる個人」の視点からアセスメントを行う。

問題111 オープンダイアローグは、患者本人、家族、専門職などが対等な立場で対話することを中心とする。

問題112 家族システム全体の関係性への介入が必要な場合には、家族構成員の個別面接に基づいた支援が望ましい。

問題113 家族療法的アプローチでは、問題の原因追及よりも、問題を維持してきた家族システム内の相互作用に着目する。

問題114 家族心理教育は、科学的根拠のある実践（EBP）とされていない。

問題115 家族のサポートグループを運営するのは家族であり、支援者は側面的な支援にとどまる。

問題116 DV被害者支援では、DVが生じていることを認識させることは避ける。

問題117 DV加害者更生プログラムは、DV被害者支援の一環である。

問題118 DV加害者更生プログラムのねらいは、加害者である自覚と加害の理由として有する被害者意識を変容することである。

❹ 多職種連携・多機関連携（チームアプローチ）

1 連携の意義と目的

問題119 連携の保持は、ソーシャルワーカーの役割や業務として法律に明文化されている。

問題120 協働は、複数の主体が対等な立場で個々の目標に向かって活動することであり、連携に内在している。

解答106 × アンダーソン，C. M. は、家族心理教育を中心とした家族支援の理論と方法を確立した。

解答107 × 知識や情報の不足は、家族の感情表出を高める。

解答108 ○ ジャクソンの７段階説では、「夫のアルコール依存症によるストレスが、妻の言動を偏ったものにする」としている。

解答109 × アルコール依存症者の家族による自助グループを、アラノンという。
（25-59）

解答110 × 家族相談面接では、「全体としての家族」の視点からアセスメントを行う。

解答111 ○ オープンダイアローグは、患者本人、家族、専門職などが対等な立場で対話することを中心とする。

解答112 × 家族システム全体の関係性への介入が必要な場合には、家族療法的アプローチ★15に基づいた支援が望ましい。

解答113 ○ 家族療法的アプローチでは、問題の原因追及よりも、問題を維持してきた家族システム内の相互作用に着目する。

解答114 × 家族心理教育は、科学的根拠のある実践（EBP）とされている。

解答115 × 家族のセルフヘルプグループを運営するのは家族であり、支援者は側面的な支援にとどまる。

解答116 × DV被害者支援では、DVが生じていることを認識させることが重要である。

解答117 ○ DV加害者更生プログラムは、DV被害者支援の一環である。

解答118 ○ DV加害者更生プログラムのねらいは、加害者である自覚と加害の理由として有する被害者意識を変容することである。

解答119 ○ 連携の保持は、ソーシャルワーカーの役割や業務として法律に明文化されている。

解答120 × 協働は、複数の主体が対等な立場で共通の目標に向かって活動することであり、連携に内在している。

問題121 チームアプローチは、ソーシャルアクションの展開過程における「組織化」において活用される援助技術である。

問題122 世帯構造の変化は、社会的孤立や8050問題などの複合的かつ複雑化した課題を生み出している。

問題123 細分化されたサービスで包括的な地域生活支援を行うためには、支援者同士の有機的な連携が重要である。

問題124 近年の精神科医療においては、医療機関や病棟ごとに疾患や対象者を限定しない統合化が進められている。

問題125 地域生活支援において、多様な課題やニーズに応じるために連携する職種や機関を広げていくことを、垂直的連携という。

2 多職種連携・多機関連携の留意点

問題126 行動原理が異なる機関同士が連携する場合、各機関の具体的な支援目標を統一する必要がある。

問題127 クライエント本人がカンファレンスに参加することは、当事者中心の支援における十分条件である。

問題128 精神保健福祉士には、クライエントの意思表示および支援計画の策定・実施・評価への参画を支援する役割がある。

問題129 協働体制を構築するためには、専門職間における対応方法を統一することが重要である。

問題130 カンファレンスにて支援方針を決定する権限と責任は、参加者全員が等しく有する。

問題131 インフォーマルな支援者の守秘義務は、法的に定められている。

問題132 連携する機関同士の不十分な相互理解は、他機関への過剰な期待や要求を生じさせる。

3 チームビルディング

問題133 バーナード, C. I. は、共通の枠組み、協働する意欲、コミュニケーションをグループの要素であるとした。

問題134 タックマン, B. W. は、チームビルディングの形成過程を五つの段階に分けた。

解答121 × ネットワーキングは、ソーシャルアクションの展開過程における「組織化」において活用される援助技術である。

解答122 ○ 世帯構造の変化は、**社会的孤立**[★16]や**8050問題**などの複合的かつ複雑化した課題を生み出している。

解答123 ○ 細分化されたサービスで包括的な地域生活支援を行うためには、**支援者同士**の有機的な連携が重要である。

解答124 × 近年の精神科医療においては、医療機関や病棟ごとに疾患や対象者を**限定する機能分化**が進められている。

解答125 × 地域生活支援において、多様な課題やニーズに応じるために連携する職種や機関を広げていくことを、**平行的連携**という。

解答126 × 行動原理が異なる機関同士が連携する場合、各機関の具体的な支援目標を**共有**する必要がある。

解答127 × クライエント本人がカンファレンスに参加することは、当事者中心の支援における**必要**条件である。

解答128 ○ 精神保健福祉士には、クライエントの**意思表示**および支援計画の**策定・実施・評価**への参画を支援する役割がある。

解答129 × 協働体制を構築するためには、専門職間における**問題意識**を統一することが重要である。

解答130 ○ カンファレンスにて支援方針を決定する権限と責任は、**参加者全員**が等しく有する。

解答131 × インフォーマルな支援者の守秘義務は、法的に定められて**いない**。

解答132 ○ 連携する機関同士の不十分な相互理解は、他機関への過剰な**期待**や**要求**を生じさせる。

解答133 × バーナード, C. I. は、共通の枠組み、協働する意欲、コミュニケーションを**チーム**の要素であるとした。

解答134 ○ タックマン, B. W. は、**チームビルディング**[★17]の形成過程を五つの段階に分けた。

問題135 チームビルディングにおける形成期には、各メンバーからチームのビジョンや課題などを示すことが重要である。

問題136 チームビルディングにおける散会期には、メンバーの意識はチーム内の階層性に向けられ、チーム全体のモチベーションが下がる。

問題137 チームビルディングにおける機能期には、メンバーのエネルギーが外に向けられ、チーム全体のモチベーションが上がる。

問題138 ゴールマン, D. は、リーダーシップのスタイルを五つに分類した。

問題139 中立的な立場でチームを管理し、チームとしての目標達成を促進することを、リーダーシップという。

問題140 マトリックスとは、可視化された思考整理の手法であり、ある事柄を上位概念から枝分かれするように整理する。

4 チームの形態と特徴

問題141 トランスディシプリナリ・モデルは、専門職種間に階層性があり、役割は固定されている。

問題142 インターディシプリナリ・モデルは、専門職種間の階層性はないが、その役割はおおむね固定されている。

問題143 マルチディシプリナリ・モデルは、専門職種間の階層性はなく、役割固定もない。

問題144 精神科デイ・ケアやACT (包括型地域生活支援プログラム) は、トランスディシプリナリ・モデルに類されるチーム形態になりやすい。

問題145 専門分野別に目標を設定し、あらかじめ決められた役割をこなすのは、マルチディシプリナリ・モデルに類されるチームである。

問題146 救急医療など短期間に集中的な治療が必要とされる場面では、トランスディシプリナリ・モデルに類されるチーム形態になりやすい。

問題147 カンファレンス全般は、専門職種間の階層性はあるが、相互作用性が大きいため、マルチディシプリナリ・モデルに近い。

問題148 メンテナンス機能とは、メンバー間のコミュニケーションやコンフリクトの解消など、チームを維持するための機能である。

問題149 タスク機能が弱すぎると、成果主義に傾いてしまい、チームとしての目的や理念を失いかねない。

解答135 × チームビルディングにおける形成期には、リーダーからチームのビジョンや課題などを示すことが重要である。

解答136 × チームビルディングにおける**混乱**期には、メンバーの意識はチーム内の階層性に向けられ、チーム全体のモチベーションが下がる。

解答137 ○ チームビルディングにおける**機能**期には、メンバーのエネルギーが外に向けられ、チーム全体のモチベーションが上がる。

解答138 ○ ゴールマン, D. は、リーダーシップのスタイルを五つに分類した。

解答139 × 中立的な立場でチームを管理し、チームとしての目標達成を促進することを、ファシリテーション★18という。

解答140 × **ロジックツリー**とは、可視化された思考整理の手法であり、ある事柄を上位概念から枝分かれするように整理する。

解答141 (23-29) × マルチディシプリナリ・モデルは、専門職種間に階層性があり、役割は固定されている。

解答142 (19-29) ○ インターディシプリナリ・モデルは、専門職種間の階層性はないが、その役割はおおむね固定されている。

解答143 (26-29) × トランスディシプリナリ・モデルは、専門職種間の階層性はなく、役割固定もない。

解答144 ○ 精神科デイ・ケアやACT（包括型地域生活支援プログラム）は、**トランスディシプリナリ・モデル**に類されるチーム形態になりやすい。

解答145 (23-29) ○ 専門分野別に目標を設定し、あらかじめ決められた役割をこなすのは、**マルチディシプリナリ・モデル**に類されるチームである。

解答146 × 救急医療など短期間に集中的な治療が必要とされる場面では、**マルチディシプリナリ・モデル**に類されるチーム形態になりやすい。

解答147 × カンファレンス全般は、専門職種間の階層性はあるが、相互作用性が大きいため、**インターディシプリナリ・モデル**に近い。

解答148 (23-32) ○ **メンテナンス機能**とは、メンバー間のコミュニケーションやコンフリクトの解消など、チームを維持するための機能である。

解答149 × タスク機能が**強すぎる**と、成果主義に傾いてしまい、チームとしての目的や理念を失いかねない。

5 連携における精神保健福祉士の役割

問題150 精神保健福祉士は、多職種協働におけるコーディネーターとしての役割を担っている。

問題151 自身の専門領域を他の専門職と区別できるようになることは、多職種連携の結果である。

問題152 医療機関における多職種連携において、精神保健福祉士には医療従事者の視点から専門性を発揮することが求められる。

問題153 長期入院者の地域移行において、相互補完性のあるチームづくりや協働的な支援体制の構築は、精神保健福祉士の役割である。

6 多職種連携・多機関連携（チームアプローチ）の実際（事例分析）

問題154 多職種連携チームにおける支援方針の決定は、過程よりも結果が重要である。

問題155 他の専門職の意見に対する賛否を避けることは、職種間の階層性を強調することにつながる。

問題156 多職種連携チームによる多角的なアセスメントは、クライエントの言動を的確に解釈することにつながる。

問題157 精神保健福祉士には、支援のスピードをクライエントの思いやペースに合わせるペースメーカーとしての役割がある。

❺ ソーシャルアドミニストレーションの展開方法

1 ソーシャルアドミニストレーションの概念とその意義

問題158 障害福祉計画は、3年ごとに策定される。

問題159 ソーシャルアドミニストレーションは「社会福祉運営管理」とも訳され、直接的援助技術の一つである。

問題160 ソーシャルアドミニストレーションは、マクロソーシャルワークの一つである。

問題161 精神保健福祉士には、利己的な協力による「参加型社会」の実現に向けたソーシャルワークの展開が求められる。

2 組織と精神保健福祉士の関係性

問題162 ソーシャルアドミニストレーションは、組織の目的と地域住民のニーズを順に達成するための技法である。

解答150 ○ 精神保健福祉士は、多職種協働におけるコーディネーターとしての役割を担っている。

解答151 × 自身の専門領域を他の専門職と区別できるようになることは、多職種連携の基盤である。

解答152 × 医療機関における多職種連携において、精神保健福祉士には生活支援の視点から専門性を発揮することが求められる。

解答153 ○ 長期入院者の地域移行において、相互補完性のあるチームづくりや協働的な支援体制の構築は、精神保健福祉士の役割である。

解答154 × 多職種連携チームにおける支援方針の決定は、結果よりも過程が重要である。

解答155 × 他の専門職の意見に対する賛否を強調することは、職種間の階層性を強調することにつながる。

解答156 ○ 多職種連携チームによる多角的なアセスメントは、クライエントの言動を的確に解釈することにつながる。

解答157 ○ 精神保健福祉士には、支援のスピードをクライエントの思いやペースに合わせるペースメーカーとしての役割がある。

解答158 ○ 障害福祉計画は、3年ごとに策定される。

解答159 × ソーシャルアドミニストレーションは「社会福祉運営管理」とも訳され、間接的援助技術の一つである。

解答160 ○ ソーシャルアドミニストレーションは、マクロソーシャルワークの一つである。

解答161 × 精神保健福祉士には、自発的な協力による「参加型社会」の実現に向けたソーシャルワークの展開が求められる。

解答162 × ソーシャルアドミニストレーションは、組織の目的と地域住民のニーズを同時に達成するための技法である。

問題163 ソーシャルワーカーには、社会変動に応じた福祉政策の企画および実施、運営管理の役割がある。

問題164 所属組織の意思決定と利用者の利益が相反する場合に、ソーシャルワーカーが陥る状態のことを、「パーソナリティの分裂」という。

3 組織介入・組織改善の実践モデル

問題165 非公式組織とは、公式組織の外に生じる組織であり、公式組織との相互関係がない。

問題166 ソーシャルアドミニストレーションにおいては、非公式組織への介入は行わない。

問題167 組織改善は、PDCAサイクルによる業務改善と一体的に図ることが重要である。

4 組織運営管理の実際

問題168 計画管理の起点は、地域住民のニーズや課題、社会環境の変化などを循環的な視点で評価することである。

問題169 パブリックコメントの募集やタウンミーティングは、最終計画の確定前に実施する。

問題170 PDCAサイクルとは、計画、実施、確認および評価という行動を螺旋的に展開していくことである。

問題171 一人ひとりのキャリアアップを目指した能力開発システムを、キャリアパスという。

❻ コミュニティワーク

1 精神保健福祉分野におけるコミュニティワークの意義

問題172 コミュニティワークの原則は、地域住民の尊重である。

問題173 コミュニティワークの目的は、障害者が住みやすい環境をつくることである。

問題174 コミュニティワークにおいて、精神障害がない人への働きかけは、精神保健福祉士の役割に含まれている。

問題175 個と地域への一体的な働きかけは、コミュニティソーシャルワークの機能の一つである。

解答163 ○ ソーシャルワーカーには、社会変動に応じた**福祉政策**の企画および実施、運営管理の役割がある。

解答164 × 所属組織の意思決定と利用者の利益が相反する場合に、ソーシャルワーカーが陥る状態のことを、「**ロイヤリティの分裂**」という。

解答165 × 非公式組織とは、公式組織の**なか**に生じる組織であり、公式組織との相互関係が**ある**。

解答166 × ソーシャルアドミニストレーションにおいては、非公式組織への介入**を行うこともある**。

解答167 ○ 組織改善は、PDCAサイクルによる業務改善と**一体的**に図ることが重要である。

解答168 ○ 計画管理の起点は、地域住民のニーズや課題、社会環境の変化などを**循環的**な視点で評価することである。

解答169 ○ パブリックコメントの募集やタウンミーティングは、最終計画の確定**前**に実施する。

解答170 × PDCAサイクルとは、**計画**、**実施**、**確認および評価**、**処置**という行動を螺旋的に展開していくことである。

解答171 × 一人ひとりのキャリアアップを目指した能力開発システムを、**キャリアラダー**[★19]という。

解答172 ○ コミュニティワークの原則は、**地域住民**の尊重である。

解答173 × コミュニティワークの目的は、**誰もが**住みやすい環境をつくることである。

解答174 ○ コミュニティワークにおいて、精神障害がない人への働きかけは、精神保健福祉士の役割に**含まれている**。

解答175 ○ **個と地域への一体的な働きかけ**は、コミュニティソーシャルワークの機能の一つである。
(25-56)

4 ソーシャルワークの理論と方法（専門）

問題176 すべての人々を社会の構成員として包み支えあうことを、ソーシャルエクスクルージョンという。

問題177 地域住民に精神障害者のことを正しく理解してもらうための取り組みは、ソーシャルジャスティスの理念に則したものである。

問題178 生活支援コーディネーターや地域移行推進員は、精神障害にも対応した地域包括ケアシステムの構築に向けて配置された。

問題179 公的な財源は、地域移行支援事業を進めるためのピアサポーターの活動費に充てることができる。

問題180 精神障害にも対応した地域包括ケアシステムの構築のためには、行政や関係機関等の重層的な連携体制が必要になる。

2 地域における精神保健福祉の向上

問題181 精神疾患が医療計画に盛り込むべき疾病であるとされたのは、2000年である。

問題182 カプラン, G. は、問題を抱えた人とその人が住むコミュニティの両方を三次予防の対象であるとした。

問題183 一般市民全体を対象として精神疾患に関する正確な理解の周知や啓発を行うことは、二次予防である。

問題184 精神障害について正しく理解していることは、ボランティア活動に参加するうえでの必須条件である。

問題185 地域における精神保健福祉活動には、住民との協働を地域づくりへと広げていくための視点が必要である。

❼ 個別支援からソーシャルアクションへの展開

1 基本的視点

問題186 ソーシャルアクションは、社会資源の開発や社会福祉制度の変革などを促すソーシャルワークの直接援助技術である。

問題187 ソーシャルアクションは、当事者の声を代弁するアドボカシーの機能を果たすためのマクロレベルでの支援技術である。

問題188 ソーシャルアクションには、当事者の自助努力が必要不可欠である。

問題189 地域住民との組織的な合意形成は、ソーシャルアクションの成功の証である。

解答176 ✕ すべての人々を社会の構成員として包み支えあうことを、ソーシャルインクルージョン★20という。

解答177 ✕ 地域住民に精神障害者のことを正しく理解してもらうための取り組み
(26-32) は、**ソーシャルインクルージョン**の理念に則したものである。

解答178 ✕ **地域体制整備コーディネーター**や地域移行推進員は、精神障害にも対応した地域包括ケアシステムの構築に向けて配置された。

解答179 ○ 公的な財源は、地域移行支援事業を進めるためのピアサポーターの活動費に充てることが**できる**。

解答180 ○ **精神障害にも対応した地域包括ケアシステム**の構築のためには、行政や関係機関等の重層的な連携体制が必要になる。

解答181 ✕ 精神疾患が医療計画に盛り込むべき疾病であるとされたのは、**2013**年である。

解答182 ○ カプラン，G. は、問題を抱えた人とその人が住むコミュニティの両方を**三次**予防の対象であるとした。

解答183 ✕ 一般市民全体を対象として精神疾患に関する正確な理解の周知や啓発を行うことは、**一次**予防である。

解答184 ✕ 精神障害について正しく理解していることは、ボランティア活動に参加するうえでの必須条件では**ない**。

解答185 ○ 地域における精神保健福祉活動には、**住民との協働**を地域づくりへと広げていくための視点が必要である。

解答186 ✕ ソーシャルアクションは、社会資源の開発や社会福祉制度の変革など
(22-25) を促すソーシャルワークの**間接**援助技術である。

解答187 ○ ソーシャルアクションは、当事者の声を代弁するアドボカシーの機能を果たすための**マクロ**レベルでの支援技術である。

解答188 ✕ ソーシャルアクションには、当事者の**主体的な参加**が必要不可欠である。

解答189 ✕ 地域住民との組織的な合意形成は、ソーシャルアクションの成功の**鍵**である。

問題190 ソーシャルアクションは、精神保健福祉士の権利擁護の実践モデルに含まれている。

問題191 精神保健福祉士の権利擁護の実践モデルにおける発見機能とは、クライエントが他者のニーズや権利に気づくよう促すことである。

問題192 ソーシャルアクションの出発点は、ミクロレベルのニーズを把握することである。

2 個別支援から地域における体制整備

問題193 地域全体の課題を把握するためには、個別支援会議を通じた個別課題を集積する必要がある。

問題194 地域において構築されるネットワークには、ボランティアや地域住民を含む。

問題195 個別支援会議は、「個別課題の普遍化」に取り組む場である。

問題196 協議会は、さまざまな分野に従事する精神保健福祉士によって構成される。

問題197 都道府県および市町村には、障害者総合支援法に基づく協議会を設置する努力義務がある。

問題198 地域アセスメントの手法には、量的調査による定性的な分析と、質的調査による統計的な分析がある。

問題199 地域アセスメントとは、地域における潜在的なニーズおよび資源力を把握することである。

3 政策提言・政策展開

問題200 1年以上精神科病院に入院している人の状況や救急医療体制の整備状況などに関するデータベースを、ReMHRADという。

問題201 専門分野外のことに関して、その分野を専門とする他職種からの助言や指導を受けることを、スーパービジョンという。

問題202 スーパービジョンにおいて、助言を受ける側をスーパーバイザー、助言を行う側をスーパーバイジーという。

問題203 コンサルテーションにおいては、コンサルタントがコンサルティを選定する。

解答190 ○ ソーシャルアクションは、精神保健福祉士の権利擁護の実践モデルに含まれている。

解答191 × 精神保健福祉士の権利擁護の実践モデルにおける発見機能とは、クライエントが**自身**のニーズや権利に気づくよう促すことである。
(25-28)

解答192 ○ ソーシャルアクションの出発点は、**ミクロ**レベルのニーズを把握することである。

解答193 ○ 地域全体の課題を把握するためには、**個別支援会議**を通じた個別課題を集積する必要がある。

解答194 ○ 地域において構築されるネットワークには、ボランティアや地域住民を**含む**。

解答195 × **協議会**は、「個別課題の普遍化」に取り組む場である。

解答196 × 協議会は、さまざまな分野に従事する**さまざまな職種**および**当事者**や**その家族**によって構成される。

解答197 ○ 都道府県および市町村には、障害者総合支援法に基づく協議会を設置する**努力義務**がある。

解答198 × 地域アセスメントの手法には、量的調査による**統計**的な分析と、質的調査による**定性**的な分析がある。

解答199 ○ 地域アセスメントとは、地域における潜在的な**ニーズ**および**資源力**を把握することである。
(25-41)

解答200 ○ 1年以上精神科病院に入院している人の状況や救急医療体制の整備状況などに関するデータベースを、**ReMHRAD**という。

解答201 × 専門分野外のことに関して、その分野を専門とする他職種からの助言や指導を受けることを、**コンサルテーション**★21という。
(26-48)

解答202 × **スーパービジョン**★22において、助言を受ける側を**スーパーバイジー**、助言を行う側を**スーパーバイザー**という。

解答203 × コンサルテーションにおいては、**コンサルティ**が**コンサルタント**を選定する。
(24-44)

問題204 コンサルテーションにおいて、助言や指導の内容の採否はコンサルティの判断に委ねられる。

問題205 既存の法制度における取り組みの限界は、社会資源の開発および政策提言のきっかけとなる。

問題206 職能団体によるロビー活動は、個別のニーズや生活課題を社会化するうえで有効である。

4 精神障害者の地域移行・地域定着に関わる展開（事例分析）

問題207 退院支援において、入院患者と病棟職員の両方に同時に働きかけることは、ソーシャルアクションの一つである。

問題208 各関係機関が把握している個別課題を地域のニーズとして社会化することは、協議会の機能に含まれる。

問題209 社会資源の開発や法制度の改善を自治体へ要望することは、協議会の機能に含まれる。

問題210 施設コンフリクトは、地域住民との住み分けにつながるような方法で解消することが望ましい。

⑧ 関連分野における精神保健福祉士の実践展開

1 学校・教育分野

問題211 学校の教員および心理や福祉等の専門家が連携して子どもたちを支援する体制のことを、「チームとしての学校」という。

問題212 保護者へのアプローチは、スクールソーシャルワーカーの役割に含まれている。

問題213 キャンパスソーシャルワーカーとは、高等学校に配置されているソーシャルワーカーの呼称である。

問題214 派遣型のスクールソーシャルワーカーには、緊急時の対応が迅速に行えるというメリットがある。

問題215 教職員への支援は、スクールソーシャルワーカーの職務に含まれていない。

2 産業分野

問題216 従業員と企業双方の生産性の向上を目指した計画的な取り組みのことを、EAP（従業員支援プログラム）という。

解答204 ○ コンサルテーションにおいて、助言や指導の内容の採否は**コンサルティ**の判断に委ねられる。
(24-44)

解答205 ○ **既存の法制度**における取り組みの限界は、社会資源の開発および政策提言のきっかけとなる。

解答206 ○ 職能団体によるロビー活動は、個別のニーズや生活課題を**社会化**するうえで有効である。

解答207 × 退院支援において、入院患者と病棟職員の両方に同時に働きかけることは、**包括的アプローチ**の一つである。

解答208 ○ 各関係機関が把握している個別課題を地域のニーズとして社会化することは、協議会の機能に**含まれる**。

解答209 ○ 社会資源の開発や法制度の改善を自治体へ要望することは、協議会の機能に**含まれる**。

解答210 × 施設コンフリクトは、地域住民との**協働**につながるような方法で解消することが望ましい。

解答211 ○ 学校の教員および心理や福祉等の専門家が連携して子どもたちを支援する体制のことを、「**チームとしての学校**」という。

解答212 ○ 保護者へのアプローチは、スクールソーシャルワーカーの役割に**含まれている**。

解答213 × キャンパスソーシャルワーカーとは、**大学**に配置されているソーシャルワーカーの呼称である。

解答214 × **配置**型のスクールソーシャルワーカーには、緊急時の対応が迅速に行えるというメリットがある。

解答215 × 教職員への支援は、スクールソーシャルワーカーの職務に**含まれている**。

解答216 ○ 従業員と企業双方の生産性の向上を目指した計画的な取り組みのことを、**EAP（従業員支援プログラム）**★23という。

問題217 EAP（従業員支援プログラム）においては、本人、上司、周囲の従業員のうち、すべてを支援の対象とする。

問題218 産業分野のソーシャルワークでは、職場での心理的負荷が発症の要因であるものに限って取り扱う。

問題219 事業場内での面接は、構造化して行うことが一般的である。

問題220 リワークプログラムは、上司がストレスにうまく対処するためのスキルを身につけるために有効である。

問題221 復職の可否については、産業医の意見をもとに主治医が判断する。

3 司法分野

問題222 社会復帰調整官は、入院処遇開始後の「生活環境調査」を関係構築の端緒とする。

問題223 地域生活定着支援センターは、矯正施設出所後に社会復帰に向けた支援を開始する。

問題224 更生保護施設は、矯正施設入所前に生活全般の指導や就労支援などを行う。

問題225 司法分野における精神保健福祉士は、犯罪の加害者と被害者の両方を支援の対象としている。

4 その他

問題226 災害関連業務にあたる職員や支援者は、DPAT（災害派遣精神医療チーム）の支援対象に含まれる。

問題227 発災から48時間以内に派遣されるDPAT（災害派遣精神医療チーム）の先遣隊には、精神保健指定医が含まれていなければならない。

問題228 DPAT（災害派遣精神医療チーム）の1班当たりの標準的な活動期間は、4週間とされている。

問題229 DPAT（災害派遣精神医療チーム）の活動の開始および終結は、派遣都道府県等が決定する。

解答217 ○ EAP（従業員支援プログラム）においては、本人、上司、周囲の従業員のうち、すべてを支援の対象とする。

解答218 × 産業分野のソーシャルワークでは、職場での心理的負荷が発症の要因であるものに限らず取り扱う。

解答219 ○ 事業場内での面接は、構造化して行うことが一般的である。

解答220 × リワークプログラムは、自分でストレスにうまく対処するためのスキルを身につけるために有効である。

解答221 × 復職の可否については、主治医の意見をもとに産業医が判断する。

解答222 × 社会復帰調整官は、鑑定入院中の「生活環境調査」を関係構築の端緒とする。

解答223 21-67 × 地域生活定着支援センターは、矯正施設入所中に社会復帰に向けた支援を開始する。

解答224 22-66 × 更生保護施設は、矯正施設出所後に生活全般の指導や就労支援などを行う。

解答225 ○ 司法分野における精神保健福祉士は、犯罪の加害者と被害者の両方を支援の対象としている。

解答226 ○ 災害関連業務にあたる職員や支援者は、DPAT（災害派遣精神医療チーム）の支援対象に含まれる。

解答227 ○ 発災から48時間以内に派遣されるDPAT（災害派遣精神医療チーム）の先遣隊には、精神保健指定医が含まれていなければならない。

解答228 × DPAT（災害派遣精神医療チーム）の1班当たりの標準的な活動期間は、1週間とされている。

解答229 × DPAT（災害派遣精神医療チーム）の活動の開始および終結は、被災都道府県等が決定する。

試験問題が解きやすくなる用語一覧 

★1　SWOT分析

組織や地域をアセスメントするための分析手法。強み（strengths）、弱み（weaknesses）、機会（opportunities）、脅威（threats）の四つの要素を、マトリックスを用いてクロス分析する。

★2　役割拘束

不本意ながらも、何らかの社会的役割を担わされていること。たとえば、主たる介護者が、主たる介護者としての役割を担う意思があるかないかに関係なく、その役割を担わざるを得ない状況におかれているなど。ヤングケアラーへの支援において必要な視点となる。

★3　精神科退院前訪問指導

退院後の療養指導のために、退院支援の一環として患者やその家族等に対して行う訪問指導のこと。1回の入院につき原則3回まで診療報酬を算定することができる。算定するためには、看護師、作業療法士、精神保健福祉士などが訪問指導を実施する必要がある。

★4　リファーラル

相談内容を受理し、支援者の所属機関での支援が適切か否かを判断するスクリーニングにおいて、所属機関よりも的確な支援機関がある場合に、当該機関での支援が受けられるように紹介・調整すること。「支援を拒否された」と感じさせないための配慮が必要となる。

★5　ラポール

支援者とクライエントとの間に意図的に形成される信頼関係。支援者はクライエントに、自分が信頼に足る人物であるということを示し、クライエントが困りごとや不安を安心して語れるように促す。このようなかかわりの過程や繰り返しによってラポールが形成されていく。

★6　バイステックの7原則

ソーシャルワーカーが良好な援助関係を形成するための原則。①個別化、②意図的な感情表出、③統制された情緒的関与、④受容、⑤非審判的態度、⑥クライエントの自己決定、⑦秘密保持の七つがある。

★7　循環的関係

支援者とクライエントが、双方のものの見方を、双方の視点から見直していく関係性のこと。特に、支援者側が「クライエントの目に支援者の姿や言葉がどう映っているか」という視点をもつことは、信頼関係の構築やクライエントのエンパワメントにつながる。

★8　防衛機制

ストレスや欲求不満を感じたときの無意識的な言動や心的活動のこと。強い葛藤状態における自己防衛であり、不快な記憶を無意識の領域に押しやる「抑圧」、本心ではない言動をとる「反動形成」、もっともらしい理屈で自己の正当化を図る「合理化」などがある。これらへの理解は、クライエントの心情や真意を理解することにつながる。

★9　生活場面面接

自宅、学校、職場、送迎中の車内などの生活の場において行う面接のこと。買い物や調理、余暇などの日常生活の緩やかな構造のなかに面接の場を設けることで、生活環境や生活の様子などを、非言語的な情報として得ることができる。

★10　解決志向アプローチ

問題よりも解決に、過去よりも未来に焦点を当て、現在の生活課題から脱するように支援する手法。印象や予測を数値で示してもらうスケーリングクエスチョン、過去の成功体験を掘り起こすためのコーピングクエスチョン、問題への焦点を弱めるためのエクセプションクエスチョン、目標を定めるためのミラクルクエスチョンなどを用いる。

★11　グループワーク

グループワークの展開は、①援助対象を定め、波長合わせを行う準備期、②メンバーとの援助関係の形成、契約を進め、グループの存在意義を確認する開始期、③グループの共通基盤を形成し、相互援助機能を活用して個々の問題解決を援助する作業期、④参加した意義を振り返り、次のステップを確認する終結・移行期の四つの段階に分けられる。

★12　エコロジカルアプローチ

人と環境との接点に着目し、人と環境の双方に介入することにより、生活課題を解消しようとする手法。「人と環境は互いに影響を与えあいながら、その関係性のなかで生活を営んでいる」という生態学を基盤としている。

★13　エンパワメントアプローチ

クライエントが本来有する力を発揮し、主体的に生きていけるように支援する手法。支援者には、クライエントの潜在能力を見出す力と、その潜在能力の発揮を促進するための支援が求められる。また、メゾ、マクロレベルでの介入にも活用される。

★14　ナラティブアプローチ

クライエントの過去であるドミナントストーリー（思い込んでいる物語）を、オルタナティブストーリー（別の意味づけがなされた新たな物語）へと転換する過程を支援することにより生きづらさを解消していく手法のこと。

★15　家族療法的アプローチ

現在の問題を“家族”というシステム全体から捉え、そのシステムを変容することで問題を解決しようとする支援の手法。問題そのものではなく、問題を発生・継続させている家族内のストレスを中心に据えて、それを緩和するために、家族システム全体に働きかける。

★16　社会的孤立

社会環境との接点が少なく、社会的な承認が得られない状態が長く続いている状態のこと。自尊感情や自己肯定感の低下を招き、セルフネグレクト（自分自身が生きるための基本的ニーズの充足の放棄）に陥ることもある。ひきこもりや8050問題などが要因になることが指摘されている。

★17 **チームビルディング**

組織として機能する多職種の集まりを構築すること。リーダーが目標や課題を示してチームが始動する形成期、メンバーがぶつかりあう混乱期、チーム内の規範が形成される統一期、チームとして成果を出す機能期、目標達成後のチームが解散する散会期という経過をたどる。

★18 **ファシリテーション**

チームを適正な方向へ導くこと。中立的な立場でチームを管理し、問題解決、合意形成、学習などを促進することにより、目標の達成を支援する。各メンバーとのコミュニケーション能力、メンバー間の相乗効果を引き出すための調整力、チーム全体をまとめる統率力などが必要となる。

★19 **キャリアラダー**

一人ひとりのキャリアアップや能力の向上をサポートするためのシステムのこと。「ラダー」ははしごを意味している。キャリアアップのために必要な業務経験、順序、異動ルート、基準、条件などが示されたものをキャリアパスという。

★20 **ソーシャルインクルージョン（社会的包摂）**

誰もが排除されることなく、構成員として社会に参加している状態のこと。対して、貧困、失業、障害、人種差別などにより、特定の個人や集団が社会から排除されている状態のことを、ソーシャルエクスクルージョン（社会的排除）という。

★21 **コンサルテーション**

他職種間で行われる助言や指導のこと。他職種同士の立場は対等で、上下関係はない。助言や指導を依頼する側をコンサルティ、その依頼に応じる側をコンサルタントという。コンサルタントの意見の採否はコンサルティに一任され、コンサルタントは助言した結果への責任を負わない。

★22 **スーパービジョン**

同職種間で行われる指導、助言、管理のこと。能力の向上を図る教育、訓練である。指導や助言を受ける側をスーパーバイジー、行う側をスーパーバイザーという。コンサルテーションとは異なり、上下関係に基づく管理的機能が働くこともある。

★23 **EAP（従業員支援プログラム）**

メンタルヘルス不調などに陥り、業務に支障が生じている従業員を支援するプログラム。ストレスやトラブルなどのマイナス要因への取り組みと、コミュニケーションスキルの向上やキャリア形成などのプラス要因への取り組みの両方が含まれている。企業内に専門スタッフが常駐する内部型と業務委託を受ける外部型がある。

第 5 章

精神障害リハビリテーション論

1 精神障害リハビリテーションの理念と定義

問題1 身体的な機能回復のための治療や訓練は、リハビリテーションそのものである。

問題2 リハビリテーションの目標はリカバリーであり、機能障害は回復できるという視点が重要である。

問題3 全人間的復権は、リハビリテーションの理念そのものである。

問題4 WHO（世界保健機関）による1968年のリハビリテーションの定義には、障害者のインテグレーションを目指すことが含まれている。

問題5 WHO（世界保健機関）は1981年、訓練により障害者の機能的能力を可能な最高レベルに達することを、リハビリテーションと定義した。

問題6 アメリカにおいて知的障害者や精神障害者が職業リハビリテーション法の対象であるとされたのは、第二次世界大戦後である。

問題7 ソーシャルワーカーの活動は、社会的リハビリテーションに含まれる。

問題8 1982年の「障害者に関する世界行動計画」で、障害の予防と障害者のリハビリテーションおよび障害者の機会均等化が目標に掲げられた。

問題9 精神科リハビリテーションの起源は、19世紀初頭の道徳療法にある。

問題10 1960年代以降のアメリカでは、地域リハビリテーションの影響により、脱施設化運動が進展した。

問題11 精神科リハビリテーションの効果に関する評価は、支援者の主観が尊重される。

問題12 アンソニー，W. A. による精神科リハビリテーションの定義は、「疾病と障害の併存」と合致している。

問題13 精神障害リハビリテーションでは、生活上の困難さよりも、精神疾患による症状に焦点を当てる。

問題14 心理社会的リハビリテーションは、個々の能力の向上と環境変化の導入を含む包括的なプロセスである。

問題15 精神障害リハビリテーションにおいては、生活環境への適応よりも生活技能の獲得を重視する。

問題16 精神障害リハビリテーションにおいて、当事者の技能を育成することは、生活環境への適応力向上のために必要な要素の一つである。

解答1 ✕ 身体的な機能回復のための治療や訓練は、リハビリテーション**の方法の一つ**である。

解答2 ✕ リハビリテーションの目標は**リカバリー**[★1]であり、**機能障害以外**は回復できるという視点が重要である。

解答3 ○ **全人間的復権**は、リハビリテーションの理念そのものである。

解答4 ✕ WHO（世界保健機関）による**1981**年のリハビリテーションの定義には、障害者の**インテグレーション**[★2]を目指すことが含まれている。

解答5 ✕ WHO（世界保健機関）は**1968**年、訓練により障害者の機能的能力を可能な最高レベルに達することを、リハビリテーションと定義した。

解答6 ✕ アメリカにおいて知的障害者や精神障害者が職業リハビリテーション法の対象であるとされたのは、第二次世界大戦**中**である。

解答7 ○ ソーシャルワーカーの活動は、**社会**的リハビリテーションに含まれる。

解答8 ○ 1982年の「**障害者に関する世界行動計画**」で、障害の予防と障害者のリハビリテーションおよび障害者の機会均等化が目標に掲げられた。

解答9 ○ 精神科リハビリテーションの起源は、19世紀初頭の**道徳療法**にある。

解答10 ✕ 1960年代以降のアメリカでは、**脱施設化運動**の影響により、**地域リハビリテーション**が進展した。

解答11 ✕ 精神科リハビリテーションの効果に関する評価は、**本人**の主観が尊重される。

解答12 ○ アンソニー，W. A. による精神科リハビリテーションの定義は、「疾病と障害の併存」と合致して**いる**。

解答13 ✕ 精神障害リハビリテーションでは、**精神疾患による症状**よりも、**生活上の困難さ**に焦点を当てる。

解答14 ○ 心理社会的リハビリテーションは、**個々の能力**の向上と**環境変化**の導入を含む包括的なプロセスである。

解答15 ✕ 精神障害リハビリテーションにおいては、**生活技能の獲得**よりも**生活環境への適応**を重視する。

解答16 ○ 精神障害リハビリテーションにおいて、当事者の**技能**を育成することは、生活環境への適応力向上のために必要な要素の一つである。

問題17 精神障害リハビリテーションにおける環境面への介入には、ソーシャルアクションや政策提言を含む。

問題18 精神障害リハビリテーションにおいて、専門職は非専門職に指導する立場で、地域の資源開発や支援体制に協働して取り組む。

問題19 当事者が回復を主観として体験することを、パーソナルリカバリーという。

2 医学的・職業的・社会的・教育的リハビリテーション

問題20 精神障害リハビリテーションの源流は、医学的リハビリテーションである。

問題21 国際連合は、1955年に「障害者の職業リハビリテーションに関する勧告」を採択した。

問題22 IPS（個別職業紹介とサポートによる援助付き雇用）は、本人の希望に基づいて就労する前に、必要な個別支援を行う。

問題23 社会資源を適切に活用する力や受援力を高めることは、社会的リハビリテーションに含まれる。

問題24 教育的リハビリテーションには、学齢前教育から高等学校までの教育活動が含まれる。

3 精神障害リハビリテーションの基本原則

問題25 クラブハウスモデルの源流は、1948年に創設されたトインビーホールである。

問題26 クラブハウスでの支援は、職業リハビリテーションとして効果をあげている。

問題27 日本において精神障害者を対象とした共同作業所が設立され始めたのは、1970年代である。

問題28 精神障害リハビリテーションにおいては、包括的な枠組みの整備と個別化に基づく支援を両立させることが重要である。

問題29 会議の場に当事者が参加することは、「当事者参加」を果たすための十分条件である。

問題30 アンソニー，W. A. は、支援のなかで依存を増やすことは当事者の自立を阻害するとしている。

解答17 ○ 精神障害リハビリテーションにおける環境面への介入には、**ソーシャルアクション**や**政策提言**を含む。

解答18 × 精神障害リハビリテーションにおいて、専門職は非専門職**と対等な**立場で、地域の資源開発や支援体制に協働して取り組む。

解答19 ○ 当事者が回復を主観として体験することを、**パーソナルリカバリー**★3という。

解答20 ○ 精神障害リハビリテーションの源流は、**医学**的リハビリテーションである。

解答21 × ILO（**世界労働機関**）は、1955年に「障害者の職業リハビリテーションに関する勧告」を採択した。

解答22 (24-37) × IPS（個別職業紹介とサポートによる援助付き雇用）は、本人の希望に基づいて就労**した後**に、必要な個別支援を行う。

解答23 (22-40) ○ 社会資源を適切に活用する力や受援力を高めることは、**社会**的リハビリテーションに含まれる。

解答24 × 教育的リハビリテーションには、**学齢前教育**から**社会人教育**までの教育活動が含まれる。

解答25 (25-36) × **クラブハウスモデル**★4の源流は、1948年に創設された**ファウンテンハウス**である。

解答26 ○ クラブハウスでの支援は、**職業**リハビリテーションとして効果をあげている。

解答27 ○ 日本において精神障害者を対象とした共同作業所が設立され始めたのは、**1970**年代である。

解答28 ○ 精神障害リハビリテーションにおいては、**包括的**な枠組みの整備と**個別化**に基づく支援を両立させることが重要である。

解答29 × 会議の場に当事者が参加することは、「当事者参加」を果たすための**必要**条件である。

解答30 (23-38) × アンソニー，W. A. は、支援のなかで依存を増やすことは当事者の自立**につながり得る**としている。

問題31 アンソニー, W. A. は、「参加」を精神科リハビリテーションに不可欠な構成要素であるとしている。

4 精神障害リハビリテーションとソーシャルワークとの関係

問題32 精神障害リハビリテーションは、治療による精神症状の軽減のみならず、社会環境の整備を包含した概念である。

問題33 精神障害リハビリテーションの構成要素には、家族への支援が含まれていない。

問題34 精神障害リハビリテーションとは、心理社会的リハビリテーションと同義である。

問題35 精神障害者へのリハビリテーションの対象領域が生活全般にまで拡大された背景には、「不安と困難の併存」という精神障害の特徴がある。

問題36 心理社会的リハビリテーションにおいては、専門職の権威を強めることが不可欠である。

問題37 心理社会的リハビリテーションの方法は、当事者のニーズ、リハビリテーションを実施する環境、文化および社会経済的条件により異なる。

問題38 社会的態度の変容は、心理社会的リハビリテーションの要素に含まれていない。

問題39 精神障害リハビリテーションの基盤には、リカバリーやストレングス視点がある。

問題40 ソーシャルワークにおける第一世代の権利とは、社会権のことである。

問題41 「ごく当たり前の生活」が阻害されることは、ソーシャルワークにおける第一世代の権利侵害に当たる。

5 地域及びリカバリー概念を基盤としたリハビリテーションの意義

問題42 2006年に施行された障害者総合支援法により、障害の種別にかかわらず障害福祉サービスを利用できるようになった。

問題43 リカバリー概念は、クライエント中心のリハビリテーションを推し進める考え方の一つである。

問題44 サービス等利用計画および個別支援計画は、いずれもクライエントの弱点を克服する視点で作成される。

解答31 × アンソニー，W. A. は、「**希望**」を精神科リハビリテーションに不可欠な構成要素であるとしている。

解答32 ○ 精神障害リハビリテーションは、治療による精神症状の軽減のみならず、**社会環境**の整備を包含した概念である。

解答33 × 精神障害リハビリテーションの構成要素には、家族への支援が含まれている。

解答34 ○ 精神障害リハビリテーションとは、心理社会的リハビリテーションと**同義**である。

解答35 × 精神障害者へのリハビリテーションの対象領域が生活全般にまで拡大された背景には、「**疾病**と**障害**の併存」という精神障害の特徴がある。

解答36 × 心理社会的リハビリテーションにおいては、専門職の権威を**取り除く**ことが不可欠である。

解答37 ○ 心理社会的リハビリテーションの方法は、当事者の**ニーズ**、リハビリテーションを実施する**環境**、**文化**および**社会経済的**条件により異なる。

解答38 × 社会的態度の変容は、心理社会的リハビリテーションの要素に含まれている。

解答39 ○ 精神障害リハビリテーションの基盤には、**リカバリー**や**ストレングス視点**がある。

解答40 × ソーシャルワークにおける**第一世代の権利**★5とは、**自由権**のことである。

解答41 ○ 「ごく当たり前の生活」が阻害されることは、ソーシャルワークにおける**第一世代の権利侵害**に当たる。

解答42 × 2006年に施行された**障害者自立支援法**により、障害の種別にかかわらず障害福祉サービスを利用できるようになった。

解答43 ○ **リカバリー**概念は、クライエント中心のリハビリテーションを推し進める考え方の一つである。

解答44 × サービス等利用計画および個別支援計画は、いずれもクライエントの**強みを活かす**視点で作成される。

問題45 障害者基本法は、指定障害福祉サービス事業所に対し、障害者の意思決定支援に配慮することを規定している。

問題46 障害者総合支援法は、指定障害福祉サービス事業所に対し、障害者の意思決定支援に配慮することを規定している。

問題47 精神保健法の施行後、「社会復帰」ではなく「ごく当たり前の生活」を目指すうえで、地域を基盤とした支援が求められるようになった。

❷ 精神障害リハビリテーションの構成及び展開

1 精神障害リハビリテーションの対象

問題48 精神障害リハビリテーションの対象は、すべて精神科リハビリテーションの対象でもある。

問題49 精神科リハビリテーションの対象には、精神科医療の対象がすべて含まれている。

問題50 国際連合は、「通常の人間的なニーズを自分自身で確保することが困難な特別な市民」を障害者であるとしている。

問題51 国際連合は、「機能障害によって引き起こされる能力障害」と「社会的不利」は区別すべきであるとしている。

問題52 日本において、基本的に精神障害は精神疾患と同じ範囲を指している。

問題53 精神保健福祉法において、精神障害者は能力障害に着眼した福祉的概念で定義づけられている。

問題54 精神疾患は有するが日常生活における困難を有さない人は、精神障害リハビリテーションの対象に含まれる。

問題55 作業全体を段取りよくやり通すことが苦手であることは、ICF（国際生活機能分類）の枠組みにおける「能力障害」につながる。

問題56 他者との人間関係を構築したり維持したりすることが苦手であることは、ICF（国際生活機能分類）の枠組みにおける「社会的不利」につながる。

問題57 精神障害は、障害の状態が固定しにくいため、支援者には変化に応じたアセスメントが求められる。

2 チームアプローチ

問題58 チームアプローチが必要とされる背景には、サービスの効率化やコスト削減など社会的な要因がある。

解答45 ✕ 障害者基本法は、**国や地方公共団体**に対し、障害者の意思決定支援に配慮することを規定している。

解答46 ○ 障害者総合支援法は、**指定障害福祉サービス事業所**に対し、障害者の意思決定支援に配慮することを規定している。

解答47 ○ **精神保健法**の施行後、「社会復帰」ではなく「ごく当たり前の生活」を目指すうえで、地域を基盤とした支援が求められるようになった。

解答48 ✕ **精神科**リハビリテーションの対象は、すべて**精神障害**リハビリテーションの対象でもある。

解答49 ○ 精神科リハビリテーションの対象には、**精神科医療**の対象がすべて含まれている。

解答50 ✕ 国際連合は、「通常の人間的なニーズを自分自身で確保することが困難な**普通の**市民」を障害者であるとしている。

解答51 ○ 国際連合は、「機能障害によって引き起こされる能力障害」と「社会的不利」は区別すべきで**ある**としている。

解答52 ○ 日本において、基本的に精神障害は精神疾患と**同じ**範囲を指している。

解答53 ✕ 精神保健福祉法において、精神障害者は**精神疾患**に着眼した**医学的**概念で定義づけられている。

解答54 ○ 精神疾患は有するが日常生活における困難を有さない人は、精神障害リハビリテーションの対象に**含まれる**。

解答55 ✕ 作業全体を段取りよくやり通すことが苦手であることは、ICF（国際生活機能分類）の枠組みにおける「**活動制限**」につながる。

解答56 ✕ 他者との人間関係を構築したり維持したりすることが苦手であることは、ICF（国際生活機能分類）の枠組みにおける「**参加制約**」につながる。

解答57 ○ 精神障害は、障害の状態が固定しにくいため、支援者には**変化に応じた**アセスメントが求められる。

解答58 ○ チームアプローチが必要とされる背景には、**サービスの効率化**や**コスト削減**など社会的な要因がある。

問題59 厚生労働省は、2010年に「多職種連携教育・実践に対する行動のための枠組み」を発表した。

問題60 チームアプローチにおいて、役割解放が小さい場合、各専門職の専門性とチーム内における役割は必ずしも一致しない。

問題61 同調圧力は、チームによる創造的な問題解決を促進する。

問題62 チームアプローチにおいて、精神保健福祉士はクライエントの心理検査を担う。

問題63 職場や学校との関係調整のみならず、家族関係の調整も、チームアプローチにおける精神保健福祉士の役割である。

問題64 チームアプローチでは、各専門職が自身の専門的見地からモニタリングを行い、その結果をチーム内で共有する。

問題65 多職種連携コンピテンシーにおいては、自職種よりも他職種への理解を深めることが重要である。

3 精神障害リハビリテーションのプロセス

問題66 ACT（包括型地域生活支援プログラム）やIPS（個別職業紹介とサポートによる援助付き雇用）の効果は、科学的に実証されていない。

問題67 精神障害リハビリテーションは、科学的な根拠ではなく、クライエントがもつ固有の価値を支援の根拠として取り入れる。

問題68 精神障害リハビリテーションに関連するサービスの利用開始は、主治医の指示に基づく必要がある。

問題69 精神障害リハビリテーションの実践においては、プロセスよりも支援目標を重視し、柔軟に対応する姿勢が求められる。

問題70 実践した支援が標榜している実践モデルとどの程度近いかを測る尺度のことを、フィデリティ尺度という。

問題71 プランニングにおいては、科学的な評価よりも利用者の希望が優先される。

問題72 精神障害リハビリテーションにおいては、例外的に複数の実践モデルを組み合わせて実践する。

問題73 個別でのトレーニングは、それのみでは機能しづらいとされている。

解答59 × WHO（世界保健機関）は、2010年に「多職種連携教育・実践に対する行動のための枠組み」を発表した。

解答60 × チームアプローチにおいて、役割解放が**大きい**場合、各専門職の専門性とチーム内における役割は必ずしも一致しない。

解答61 × 同調圧力は、チームによる創造的な問題解決を**妨げる**。

解答62 × チームアプローチにおいて、**心理技術者**はクライエントの心理検査を担う。

解答63 ○ 職場や学校との関係調整のみならず、**家族関係**の調整も、チームアプローチにおける精神保健福祉士の役割である。

解答64 (21-40) ○ チームアプローチでは、各専門職が自身の専門的見地から**モニタリング**を行い、その結果をチーム内で共有する。

解答65 × 多職種連携コンピテンシーにおいては、自職種**と同様に**他職種への理解を深めることが重要である。

解答66 × ACT（包括型地域生活支援プログラム）やIPS（個別職業紹介とサポートによる援助付き雇用）[★6]の効果は、科学的に実証されて**いる**。

解答67 × 精神障害リハビリテーションは、科学的な根拠**のみならず**、クライエントがもつ固有の価値を支援の根拠として取り入れる。

解答68 × 精神障害リハビリテーションに関連するサービスの利用開始は、**利用者自身の意思決定**に基づく必要がある。

解答69 ○ 精神障害リハビリテーションの実践においては、**プロセス**よりも**支援目標**を重視し、柔軟に対応する姿勢が求められる。

解答70 ○ 実践した支援が標榜している実践モデルとどの程度近いかを測る尺度のことを、**フィデリティ尺度**という。

解答71 ○ プランニングにおいては、**科学的な評価**よりも**利用者の希望**が優先される。

解答72 × 精神障害リハビリテーションにおいては、**一般的**に複数の実践モデルを組み合わせて実践する。

解答73 × **集団**でのトレーニングは、それのみでは機能しづらいとされている。

5 精神障害リハビリテーション論

問題74 モニタリングには、支援者個人の実践の振り返りと、事業所全体としてのサービス提供についての振り返りの両方が含まれている。

4 精神障害リハビリテーションにおける精神保健福祉士の役割

問題75 レスラー，W. とドレイク，R. E. は、ソーシャルワークを基盤に、精神科リハビリテーションの六つの原理をまとめた。

問題76 自己決定を重視する点は、精神障害リハビリテーションとソーシャルワークの共通点である。

問題77 リハビリテーションの機会を増やすためには、支援者による積極的な介入が重要である。

問題78 ストレングス視点は、人と環境の双方に向けられる。

問題79 パワーレスとは、ストレングスをもっていない状態のことである。

問題80 SAMHSA（米国薬物乱用精神保健管理局）は、リカバリーを過程ではなく結果であるとしている。

❸ 精神障害リハビリテーションプログラムの内容と実施機関

1 医学的リハビリテーションプログラム

問題81 精神障害者への医学的リハビリテーションは、治療後に開始される。

問題82 呉秀三による移導療法は、現在の日本における精神科作業療法へとつながっている。

問題83 手芸や工作などの創作活動は、作業療法に含まれない。

問題84 作業療法は、患者が能動的に取り組むことにより、生活技能の獲得や自己肯定感の向上などの治療効果を発揮する。

問題85 急性期の患者への作業療法は、禁忌である。

問題86 行動療法とは、学習理論を応用して不適切行動の修正や変容を図る技法である。

問題87 特定の刺激に対して不随意的な反応を示すようになることを、オペラント条件づけという。

問題88 系統的脱感作法は、オペラント条件づけの原理を応用した行動療法である。

解答74 ○ モニタリングには、支援者個人の実践の振り返りと、事業所全体としてのサービス提供についての振り返りの両方が含まれている。

解答75 × レスラー，W. とドレイク，R. E. は、リカバリーを基盤に、精神科リハビリテーションの六つの原理をまとめた。

解答76 ○ 自己決定を重視する点は、精神障害リハビリテーションとソーシャルワークの共通点である。

解答77 × リハビリテーションの機会を増やすためには、友人、家族、同僚などによるナチュラルサポートが重要である。

解答78 ○ ストレングス視点は、人と環境の双方に向けられる。

解答79 × パワーレスとは、ストレングスを発揮できない状態のことである。

解答80 × SAMHSA（米国薬物乱用精神保健管理局）は、リカバリーを結果ではなく過程であるとしている。

解答81 × 精神障害者への医学的リハビリテーションは、治療中に開始される。

解答82 ○ 呉秀三による移導療法は、現在の日本における精神科作業療法へとつながっている。

解答83 × 手芸や工作などの創作活動は、作業療法に含まれる。

解答84 ○ 作業療法は、患者が能動的に取り組むことにより、生活技能の獲得や自己肯定感の向上などの治療効果を発揮する。

解答85 × 急性期の患者への作業療法は、禁忌ではない。

解答86 ○ 行動療法とは、学習理論を応用して不適切行動の修正や変容を図る技法である。

解答87 × 特定の刺激に対して不随意的な反応を示すようになることを、レスポンデント条件づけという。

解答88 × 系統的脱感作法は、レスポンデント条件づけの原理を応用した行動療法である。

問題89 SST（社会生活技能訓練）は、モデリングやロールプレイなどによる行動療法の一つである。

問題90 ある物事に対する思考やイメージのことを自動思考といい、とっさに湧き上がる認知のことをスキーマという。

問題91 認知行動療法では、認知のゆがみに気づき、自身のスキーマを修正することを目指す。

問題92 集団精神療法では、参加者がファシリテーターとして進行役を担う。

問題93 依存症回復プログラムでは、身体・脳・心・人間関係の順に「四つの回復」を目指す。

問題94 依存症回復プログラムにおける自助グループには、退院前から参加できる。

問題95 WRAP（元気回復行動プラン）とは、コープランド，M. E. がまとめたセルフケアのためのプログラムのことである。

問題96 精神科デイ・ケアは、1994年から診療報酬の対象として運営されている。

問題97 精神科デイ・ケアの診療報酬を算定するためには、複数の職種を配置しなければならない。

問題98 重度認知症患者デイ・ケアは、介護保険制度に基づき実施されている。

問題99 相手の感情を害さずに自分の意見を主張する方法を学ぶことを、アサーショントレーニングという。

2 職業リハビリテーションプログラム

問題100 職業リハビリテーションには、職場への支援や介入が含まれる。

問題101 国際連合は、「障害者の職業リハビリテーション及び雇用に関する条約」において、労働の質を高める支援にも言及している。

問題102 日本において、精神障害者が法的に職業リハビリテーションの対象とされたのは、国際障害者年と同じ年である。

問題103 ハローワークに精神障害者を担当する職業相談員の配置がされるようになったのは、精神保健福祉士法の成立よりも前である。

問題104 近年の精神障害者雇用の特徴は、就職件数の減少と職場定着率の高さである。

解答89 ○ SST（社会生活技能訓練）は、**モデリング**や**ロールプレイ**などによる行動療法の一つである。
18-8

解答90 × ある物事に対する思考やイメージのことを**認知**といい、とっさに湧き上がる認知のことを**自動思考**という。

解答91 ○ 認知行動療法では、認知のゆがみに気づき、自身のスキーマ★7を修正することを目指す。

解答92 × 集団精神療法では、**治療者**がファシリテーターとして進行役を担う。

解答93 ○ 依存症回復プログラムでは、**身体・脳・心・人間関係**の順に「四つの回復」を目指す。

解答94 ○ 依存症回復プログラムにおける自助グループには、退院**前**から参加できる。

解答95 ○ WRAP（元気回復行動プラン）★8とは、コープランド，M. E. がまとめたセルフケアのためのプログラムのことである。

解答96 × 精神科デイ・ケアは、**1974**年から診療報酬の対象として運営されている。

解答97 ○ 精神科デイ・ケアの診療報酬を算定するためには、複数の職種を配置**しなければならない**。

解答98 × 重度認知症患者デイ・ケアは、**医療**保険制度に基づき実施されている。

解答99 ○ 相手の感情を害さずに自分の意見を主張する方法を学ぶことを、**アサーショントレーニング**という。

解答100 ○ 職業リハビリテーションには、職場への支援や介入が**含まれる**。

解答101 × ILO（**国際労働機関**）は、「障害者の職業リハビリテーション及び雇用に関する条約」において、労働の質を高める支援にも言及している。

解答102 × 日本において、精神障害者が法的に職業リハビリテーションの対象とされたのは、国際障害者年**よりも後**である。

解答103 ○ ハローワークに精神障害者を担当する職業相談員の配置がされるようになったのは、精神保健福祉士法の成立よりも**前**である。

解答104 × 近年の精神障害者雇用の特徴は、就職件数の**増加**と職場定着率の**低さ**である。

問題105 障害者雇用促進法における精神障害者は、精神障害者保健福祉手帳を交付されている者に限定されている。

問題106 障害者雇用率に算定できる精神障害者は、精神障害者保健福祉手帳を交付されている者に限定されている。

問題107 般化の障害がみられる場合には、実際の職場よりも就労支援機関で作業訓練を行うほうが身につきやすい。

問題108 知的障害の場合、部分的な作業と一つひとつの作業の統合化の両方に支障が生じる。

問題109 認知機能障害が生じると、部分的な作業に支障をきたす。

問題110 職業リハビリテーションにおいては、機能回復よりもエンパワメントが重視される。

問題111 就労準備プログラムでは、生活リズムの確立、就職への動機づけ、就職活動の準備などを行う。

問題112 長期の就労準備プログラムは、就職へのモチベーションを向上させる。

問題113 援助付き雇用プログラムにおいて、就労準備プログラムは行わない。

問題114 援助付き雇用プログラムの集中支援期における支援目標は、ナチュラルサポートの確立である。

問題115 復職支援プログラムにおける第一段階は、「治療」である。

問題116 復職支援プログラムでは、半セルフヘルプグループによる相互支援組織を活用する。

問題117 就労定着支援プログラムは、就職前のウォーミングアップである。

問題118 就労と福祉を統合し包括的な支援を行うモデルを、IPSモデルという。

問題119 IPSモデルにおいては、福祉的就労から開始するという段階を踏まない。

問題120 精神障害者雇用トータルサポーターは、福祉事務所に配置されており、精神障害者の求職活動や就職相談に応じる。

問題121 地域障害者職業センターには職場適応援助者（ジョブコーチ）が配置されており、援助付き雇用プログラムが実施される。

問題122 地域障害者職業センターは、各市町村に1～2か所程度設置されている。

解答105 × **障害者雇用促進法**★9における精神障害者は、精神障害者保健福祉手帳を交付されている者に限定されて**いない**。

解答106 ○ **障害者雇用率**★10に算定できる精神障害者は、精神障害者保健福祉手帳を交付されている者に限定されて**いる**。
(23-76)

解答107 × **般化**★11の障害がみられる場合には、**就労支援機関**よりも**実際の職場**で作業訓練を行うほうが身につきやすい。

解答108 ○ **知的**障害の場合、部分的な作業と一つひとつの作業の統合化の両方に支障が生じる。

解答109 × **認知機能障害**★12が生じると、**作業の統合化**に支障をきたす。

解答110 ○ 職業リハビリテーションにおいては、**機能回復**よりも**エンパワメント**が重視される。

解答111 ○ **就労準備**プログラムでは、生活リズムの確立、就職への動機づけ、就職活動の準備などを行う。

解答112 × 長期の就労準備プログラムは、就職へのモチベーションを**低下**させる。

解答113 ○ **援助付き雇用プログラム**★13において、就労準備プログラムは**行わない**。

解答114 ○ 援助付き雇用プログラムの集中支援期における支援目標は、**ナチュラルサポート**の確立である。

解答115 ○ **復職支援**★14プログラムにおける第一段階は、「**治療**」である。

解答116 × **就労定着支援**プログラムでは、半セルフヘルプグループによる相互支援組織を活用する。

解答117 × 就労定着支援プログラムは、**就職後**の**フォローアップ**である。

解答118 × **就労**と**医療**を統合し包括的な支援を行うモデルを、IPSモデルという。

解答119 ○ IPSモデルにおいては、福祉的就労から開始するという段階を**踏まない**。

解答120 × 精神障害者雇用トータルサポーターは、**ハローワーク**に配置されており、精神障害者の求職活動や就職相談に応じる。
(24-74)

解答121 ○ **地域障害者職業センター**には職場適応援助者(ジョブコーチ)が配置されており、援助付き雇用プログラムが実施される。

解答122 × 地域障害者職業センターは、**各都道府県**に1～2か所程度設置されている。
(19-75)

問題123 従業員101人以上の障害者雇用率未達成企業は、障害者雇用調整金を納めなければならない。

3 社会リハビリテーションプログラム

問題124 SST（社会生活技能訓練）は、コミュニケーションスキルを学ぶ方法であり、構造化されている。

問題125 SST（社会生活技能訓練）では、できていないところについてフィードバックしながら練習を積み重ねる。

問題126 SST（社会生活技能訓練）では、生活の妨げとなっている問題を同定せずに、あらゆる場面における対応方法を身につけていく。

問題127 SST（社会生活技能訓練）では、プログラムのなかに「実生活で取り組む宿題」が含まれる。

問題128 1対1で行うSST（社会生活技能訓練）のことを、ひとりSSTという。

問題129 心理教育の目標は、客観的な自己評価ができるよう援助することである。

問題130 心理教育の背景には、EE研究がある。

問題131 心理教育は、ほかのプログラムや援助資源の活用を支援するためのものである。

問題132 長期入院者の地域移行に関する施策は、障害者総合支援法の施行後に、国庫補助事業として開始された。

問題133 地域移行プログラムの開始において、退院を希望していることは必要条件である。

問題134 障害者総合支援法において、地域移行支援・地域定着支援に関する相談支援は、指定特定相談支援事業所が担当する。

問題135 WRAP（元気回復行動プラン）は、精神科病院への入退院を繰り返した当事者の経験から生み出されたものである。

問題136 WRAP（元気回復行動プラン）の効果は、科学的に実証されていない。

問題137 WRAP（元気回復行動プラン）では、主治医が作成した六つのプランを活用し、「いい感じの自分」を保つことを目標とする。

問題138 WRAPクラスは、WRAP（元気回復行動プラン）を活用している当事者がファシリテーターとして進行役を担う。

解答123 × 従業員101人以上の障害者雇用率未達成企業は、障害者雇用納付金★15を納めなければならない。

解答124 ○ SST（社会生活技能訓練）は、コミュニケーションスキルを学ぶ方法であり、**構造化**されている。

解答125 × SST（社会生活技能訓練）では、できて**いる**ところについてフィードバックしながら練習を積み重ねる。

解答126 × SST（社会生活技能訓練）では、生活の妨げとなっている問題を**同定し**、**特定の**場面における対応方法を身につけていく。

解答127 ○ SST（社会生活技能訓練）では、プログラムのなかに「実生活で取り組む宿題」が**含まれる**。

解答128 ○ 1対1で行うSST（社会生活技能訓練）のことを、**ひとりSST**という。

解答129 × 心理教育の目標は、**主体的な療養生活**ができるよう援助することである。

解答130 ○ 心理教育の背景には、**EE研究**★16がある。

解答131 ○ 心理教育は、**ほかのプログラム**や**援助資源**の活用を支援するためのものである。

解答132 × 長期入院者の地域移行に関する施策は、障害者総合支援法の施行**前**に、国庫補助事業として開始された。

解答133 × 地域移行プログラムの開始において、退院を希望していることは必要条件では**ない**。

解答134 × 障害者総合支援法において、地域移行支援・地域定着支援に関する相談支援は、指定**一般**相談支援事業所が担当する。

解答135 ○ **WRAP（元気回復行動プラン）**は、精神科病院への入退院を繰り返した当事者の経験から生み出されたものである。
（18-75）

解答136 × WRAP（元気回復行動プラン）の効果は、科学的に実証されて**いる**。

解答137 × WRAP（元気回復行動プラン）では、**自分**が作成した六つのプランを活用し、「いい感じの自分」を保つことを目標とする。

解答138 ○ WRAPクラスは、**WRAP（元気回復行動プラン）**を活用している当事者がファシリテーターとして進行役を担う。

問題139 当事者研究とは、精神障害による生きづらさを「大切な苦労」として捉え、生きやすさを見出していく自助の活動である。

問題140 当事者研究では、人と問題を切り離し、いずれに対しても一貫して肯定的な態度で接する。

問題141 自立生活援助では、創作的活動や生産活動の機会の提供、社会との交流を行う。

問題142 生活訓練事業所には、通所型と宿泊型がある。

4 教育リハビリテーションプログラム

問題143 特別支援学校は、児童福祉法上に定められた教育機関である。

問題144 障害児通所支援および障害児入所支援は、障害者総合支援法に定められている障害児を対象とした福祉サービスである。

問題145 放課後等デイサービスの対象は、身体障害者手帳、療育手帳、精神障害者保健福祉手帳を所持する児童に限定されない。

問題146 保育所等訪問支援は、保育所等からの依頼に基づくアウトリーチ型の児童発達支援である。

問題147 障害のある児童生徒と障害のない児童生徒がともに学ぶことを、インクルーシブ教育という。

問題148 特別支援教育を受ける児童生徒には、「個別の指導計画」と「個別の教育支援計画」の両方を作成することとされている。

問題149 特別支援教育の「個別の指導計画」では、各教科・領域における目標が設定される。

問題150 特別支援教育コーディネーターは、校内支援体制を円滑に運営するために、教育委員会などに配置される。

問題151 CAT-Kitやソーシャルナラティブは、自閉スペクトラム症におけるコミュニケーション障害を軽減するために用いられる。

問題152 文部科学省と厚生労働省によるトライアングルプロジェクトとは、地域・教育・福祉の連携のことである。

問題153 大学等高等教育機関のうち、障害学生が在籍している学校は全体の約8割である。

問題154 障害学生の定義は、障害者総合支援法における障害者の定義に準じている。

解答139 ○ 当事者研究[★17]とは、精神障害による生きづらさを「大切な苦労」として捉え、生きやすさを見出していく自助の活動である。

解答140 × 当事者研究では、人と問題を切り離し、人に対しては一貫して肯定的な態度で接する。

解答141 × 地域活動支援センターでは、創作的活動や生産活動の機会の提供、社会との交流を行う。
(20-72)

解答142 ○ 生活訓練事業所には、通所型と宿泊型がある。

解答143 × 特別支援学校は、学校教育法上に定められた教育機関である。

解答144 × 障害児通所支援および障害児入所支援は、児童福祉法に定められている障害児を対象とした福祉サービスである。

解答145 ○ 放課後等デイサービスの対象は、身体障害者手帳、療育手帳、精神障害者保健福祉手帳を所持する児童に限定されない。

解答146 × 保育所等訪問支援は、保護者からの依頼に基づくアウトリーチ型の児童発達支援である。

解答147 ○ 障害のある児童生徒と障害のない児童生徒がともに学ぶことを、インクルーシブ教育という。

解答148 ○ 特別支援教育を受ける児童生徒には、「個別の指導計画」と「個別の教育支援計画」の両方を作成することとされている。

解答149 ○ 特別支援教育の「個別の指導計画」では、各教科・領域における目標が設定される。

解答150 × 特別支援教育コーディネーターは、校内支援体制を円滑に運営するために、校内委員会などに配置される。

解答151 ○ CAT-Kitやソーシャルナラティブは、自閉スペクトラム症におけるコミュニケーション障害を軽減するために用いられる。

解答152 × 文部科学省と厚生労働省によるトライアングルプロジェクトとは、家庭・教育・福祉の連携のことである。

解答153 ○ 大学等高等教育機関のうち、障害学生が在籍している学校は全体の約8割である。

解答154 × 障害学生の定義は、障害者基本法における障害者の定義に準じている。

問題155 障害学生への支援は、学校が本人に対し合理的配慮の検討を申し出ることから始まる。

5 家族支援プログラム

問題156 家族支援においては、家族を「第一の支援者」として捉えることが重要である。

問題157 イギリスのケアラーズ法において、介護者は家族および親族に限定されていない。

問題158 諸外国における介護者支援の法制度は、ソーシャルインクルージョンの理念に基づいている。

問題159 アメリカ精神医学会は、統合失調症の精神医学的治療に、家族以外の友人などを含めることを推奨している。

問題160 イギリスのNICE統合失調症治療ガイドラインにおける家族支援は、家族と本人を分けて支援する。

問題161 支援が必要な家族においては、支援者による傾聴や共感のみによってニーズを満たせる家族がほとんどである。

問題162 ACT（包括型地域生活支援プログラム）による支援の対象者は、精神障害者本人に限定されていない。

問題163 「あいまいな喪失」とは、「現在の自分は以前の自分ではない」という喪失感のことである。

問題164 リカバリー志向の家族支援において精神保健福祉士に求められるのは、先導型の支援である。

問題165 家族面接では、家族を「本人とともに必死に困難を乗り越えようとしている人」として理解する。

問題166 ブラウン，G. W. らは、統合失調症の再発率は生活環境よりも就労能力に依存するとした。

問題167 高EEとは、家族間における「敵意」「批判」「情緒的巻き込まれすぎ」のすべての感情表出が高い状態をいう。

問題168 低EEとは、家族間における「敵意」「批判」「情緒的巻き込まれすぎ」のすべての感情表出が低い状態をいう。

問題169 高EEは、家族の客観的な生活負担のバロメーターである。

解答155 ✕ 障害学生への支援は、**本人**が**学校**に対し合理的配慮の検討を申し出ることから始まる。

解答156 ✕ 家族支援においては、家族を「**権利の主体**」として捉えることが重要である。

解答157 ○ イギリスのケアラーズ法において、介護者は家族および親族に限定されて**いない**。

解答158 ○ 諸外国における介護者支援の法制度は、**ソーシャルインクルージョン**の理念に基づいている。

解答159 ○ アメリカ精神医学会は、統合失調症の精神医学的治療に、家族以外の友人などを**含める**ことを推奨している。

解答160 ✕ イギリスのNICE統合失調症治療ガイドラインにおける家族支援は、家族と本人を**併せて**支援する。

解答161 ✕ 支援が必要な家族においては、支援者による傾聴や共感のみによってニーズを**満たせない**家族がほとんどである。

解答162 ○ ACT（包括型地域生活支援プログラム）による支援の対象者は、精神障害者本人に限定されて**いない**。
(17-46)

解答163 ✕ 「あいまいな喪失」とは、「現在の**本人**は以前の**本人**ではない」という喪失感のことである。

解答164 ✕ リカバリー志向の家族支援において精神保健福祉士に求められるのは、**伴走型**の支援である。

解答165 ○ 家族面接では、家族を「**本人とともに**必死に困難を乗り越えようとしている人」として理解する。

解答166 ✕ ブラウン，G. W. らは、統合失調症の再発率は**就労能力**よりも**生活環境**に依存するとした。

解答167 ✕ 高EEとは、家族間における「敵意」「批判」「情緒的巻き込まれすぎ」の**いずれか**の感情表出が高い状態をいう。

解答168 ○ 低EEとは、家族間における「敵意」「批判」「情緒的巻き込まれすぎ」の**すべて**の感情表出が低い状態をいう。

解答169 ✕ 高EEは、家族の**主観**的な生活負担のバロメーターである。

問題170 高EEの背景には、知識や情報の不足、適切な対処方法の未獲得、希薄な家族関係などがある。

問題171 家族心理教育プログラムには、統合失調症の再発予防効果がある。

問題172 家族心理教育プログラムの目的は、低EEの改善である。

問題173 家族などに介入することで、依存症が疑われる人を精神科受診につなげようとするプログラムのことを、CRAFTという。

問題174 CRAFTの理論的背景は学習理論であり、環境を変えることで本人の認知が変わることを目指している。

問題175 CRAFTでは、適切なコミュニケーションスキルを獲得した専門家が、積極的に家族に働きかける。

問題176 ペアレントトレーニングは、発達障害のある子どもではなく保護者を対象としている。

問題177 メリデン版訪問家族支援では、本人・家族・支援者をそれぞれの専門家とみなし、対等なトライアングルの関係性をつくることを目指す。

問題178 セルフヘルプグループにおいて、ヘルパーセラピー原則は生じない。

問題179 1965年に結成された全国精神障害者家族会連合会は、署名活動や政策提言などを通して精神保健医療福祉の推進を後押しした。

問題180 全国精神保健福祉会連合会（みんなねっと）は、各地域の当事者グループで構成されている全国組織である。

❹ 精神障害リハビリテーションの動向と実際

1 精神障害当事者や家族を主体としたリハビリテーション

問題181 ピアサポートとは、異なる立場にある人同士が仲間として支えあうことである。

問題182 日本の精神保健福祉分野におけるピアサポート活動のはじまりは、1970年代の病院の患者会や地域のセルフヘルプグループである。

問題183 家族会は、ピアサポート活動に含まれない。

問題184 ピアサポーターは、回復の途中にいる当事者のロールモデルとなる。

解答170 ○ 高EEの背景には、知識や情報の不足、適切な対処方法の未獲得、希薄な家族関係などがある。

解答171 ○ 家族心理教育プログラムには、統合失調症の再発予防効果がある。

解答172 × 家族心理教育プログラムの目的は、高EEの改善である。
(16-43)

解答173 ○ 家族などに介入することで、依存症が疑われる人を精神科受診につなげようとするプログラムのことを、CRAFT★18という。

解答174 × CRAFTの理論的背景は行動理論であり、環境を変えることで本人の行動が変わることを目指している。

解答175 × CRAFTでは、適切なコミュニケーションスキルを獲得した家族が、積極的に本人に働きかける。

解答176 × ペアレントトレーニングは、発達障害のある子どもと保護者を対象としている。

解答177 ○ メリデン版訪問家族支援では、本人・家族・支援者をそれぞれの専門家とみなし、対等なトライアングルの関係性をつくることを目指す。

解答178 × セルフヘルプグループにおいて、ヘルパーセラピー原則は生じ得る。

解答179 ○ 1965年に結成された全国精神障害者家族会連合会は、署名活動や政策提言などを通して精神保健医療福祉の推進を後押しした。

解答180 × 全国精神保健福祉会連合会（みんなねっと）は、各地域の家族会で構成されている全国組織である。

解答181 × ピアサポートとは、同じ立場にある人同士が仲間として支えあうことである。
(25-34)

解答182 ○ 日本の精神保健福祉分野におけるピアサポート活動のはじまりは、1970年代の病院の患者会や地域のセルフヘルプグループである。

解答183 × 家族会は、ピアサポート活動に含まれる。

解答184 ○ ピアサポーター★19は、回復の途中にいる当事者のロールモデルとなる。
(22-76)

問題185 自治体ごとに開催されていたピアサポーター養成は、2020年に地域支援事業の一つに位置づけられた。

問題186 FFEPとは、家族相互のエンパワメントを目的に、家族同士でわかちあい、学びあうための場である。

問題187 ヤングケアラーによるケアを必要としている人の状況について、精神障害よりも身体障害を有しているほうが多い。

問題188 「今・ここ」に意識を向けてストレスの緩和や気分の安定を図ろうとするセルフケアの方法を、マインドフルネスという。

問題189 相手の思考や感情を客観的に観察できるようになることを、脱中心化という。

問題190 オープンダイアローグは、医師の診察よりも治療ミーティングを重視する治療方法である。

問題191 オープンダイアローグでは、「不確かである患者の状態や解決法」をスタッフからの教示によって明らかにしようとする。

問題192 オープンダイアローグの治療ミーティングにおいて、異なる意見をまとめ一致させようとすることを、ポリフォニーという。

問題193 当事者・家族・支援者などが対等な学生として学びあう場を、リカバリーカレッジという。

問題194 リカバリーカレッジにおけるプログラムは、当事者と支援者がともにつくり、ともに提供する。

問題195 リカバリーカレッジに参加する当事者には、リカバリーを果たしている人を含まない。

2 依存症のリハビリテーション

問題196 依存症が疑われるクライエントに対し強い直面化を図ることには、大きな効果がある。

問題197 AUDITはアルコール関連問題のスクリーニングテスト、SOGSはギャンブル障害のスクリーニングテストである。

問題198 薬物依存症の患者へのSMARPPの実施において、診療報酬を算定することはできない。

問題199 依存の対象を求める気持ちとやめたい気持ちを同時にもつことを、同時性という。

解答185 × 自治体ごとに開催されていたピアサポーター養成は、2020年に**地域生活支援事業**の一つに位置づけられた。

解答186 ○ FFEPとは、家族相互のエンパワメントを目的に、家族同士でわかちあい、学びあうための場である。

解答187 × ヤングケアラーによるケアを必要としている人の状況について、**身体**障害よりも**精神**障害を有しているほうが多い。

解答188 ○ 「今・ここ」に意識を向けてストレスの緩和や気分の安定を図ろうとするセルフケアの方法を、**マインドフルネス**という。

解答189 × **自分**の思考や感情を客観的に観察できるようになることを、脱中心化という。

解答190 ○ オープンダイアローグ★20は、**医師の診察**よりも**治療ミーティング**を重視する治療方法である。

解答191 × オープンダイアローグでは、「不確かである患者の状態や解決法」を**参加者同士の会話**によって明らかにしようとする。

解答192 × オープンダイアローグの治療ミーティングにおいて、異なる意見をまとめ一致させようと**しない**ことを、ポリフォニーという。

解答193 ○ 当事者・家族・支援者などが対等な学生として学びあう場を、**リカバリーカレッジ**という。

解答194 ○ リカバリーカレッジにおけるプログラムは、**当事者**と**支援者**がともにつくり、ともに提供する。

解答195 × リカバリーカレッジに参加する当事者には、リカバリーを果たしている人を**含む**。

解答196 × 依存症が疑われるクライエントに対し強い直面化を図ることには、大きな**リスク**がある。

解答197 ○ AUDITはアルコール関連問題のスクリーニングテスト、SOGSはギャンブル障害のスクリーニングテストである。

解答198 × 薬物依存症の患者へのSMARPP★21の実施において、診療報酬を算定することは**できる**。

解答199 × 依存の対象を求める気持ちとやめたい気持ちを同時にもつことを、**両価性**という。

5 精神障害リハビリテーション論

問題200 依存症を抱えたクライエントへの生活支援は、断酒や断薬を果たすことが前提ではない。

問題201 依存症から回復するまでの取り組みや姿勢を具体的にまとめたものとして、「12のステップ」がある。

問題202 AA、NA、GAはそれぞれ、アルコール、薬物、ギャンブル依存症の当事者を対象とした自助グループである。

問題203 AA、NA、GAに共通するA（アノニマス）には、「実名」という意味がある。

問題204 AA、NA、GAの活動における基本姿勢は、「言いっぱなし・聞きっぱなし」である。

問題205 依存症の自助グループ内で生じるピアサポートの関係性のことを、スポンサーシップという。

問題206 DARC（ダルク）は、アルコール依存症の回復支援施設であり、居住型と通所型がある。

問題207 アラノン、ナラノン、ギャマノンはそれぞれ、アルコール、薬物、ギャンブル依存症の当事者を対象としている。

問題208 インターネット関連の依存において、依存の対象には男女差がある。

解答200 ○ 依存症を抱えたクライエントへの生活支援は、断酒や断薬を果たすことが前提ではない。

解答201 ○ 依存症から回復するまでの取り組みや姿勢を具体的にまとめたものとして、「12のステップ」がある。

解答202 (23-66) ○ AA、NA、GAはそれぞれ、アルコール、薬物、ギャンブル依存症の当事者を対象とした自助グループである。

解答203 × AA、NA、GAに共通するA（アノニマス）には、「匿名」という意味がある。

解答204 ○ AA、NA、GAの活動における基本姿勢は、「言いっぱなし・聞きっぱなし」である。

解答205 ○ 依存症の自助グループ内で生じるピアサポートの関係性のことを、スポンサーシップという。

解答206 × DARC（ダルク）は、薬物依存症の回復支援施設[★22]であり、居住型と通所型がある。

解答207 (20-45) × アラノン、ナラノン、ギャマノンはそれぞれ、アルコール、薬物、ギャンブル依存症の家族を対象としている。

解答208 ○ インターネット関連の依存において、依存の対象には男女差がある。

◆ 試験問題が解きやすくなる用語一覧 ◆

★1　リカバリー

病前の状態に戻るのではなく、さまざまな経験に意味づけをしながら、一人の人間としての尊厳を獲得していく過程や状態をいう。支援者は、「リカバリーは個人的かつ主観的なものである」という認識で援助を行う。

★2　インテグレーション

ノーマライゼーションの理念を具体化する方法の一つ。「障害児への教育を健常児と分けて行うのではなく、健常児とともに学習できるような環境を整備する」という教育現場の取り組みに端を発し、地域福祉全体へと拡大している。

★3　パーソナルリカバリー

自分の価値観が反映された納得のいく自分なりの回復をすること、または、障害があっても主体的に生きていく過程を指す。これは当事者自身の体験や主観であり、他者が客観的に評価できるものではない。

★4　クラブハウスモデル

精神障害者であるメンバーとスタッフでともに運営し、「We are not alone（私たちは独りではない）」を合言葉とする精神障害リハビリテーションモデル。起源は1948年にニューヨークに設立されたファウンテンハウスである。日中活動、過渡的雇用、援助付き雇用など特色あるプログラムを展開している。

★5　第一世代の権利

表現・信教・職業選択・移動等の自由や不当に逮捕されない権利等の自由権のこと。労働権や教育権などの社会権のことを第二世代の権利という。

★6　IPS（個別職業紹介とサポートによる援助付き雇用）

包括的なアウトリーチ型の個別就労支援のこと。援助付き雇用プログラムの一つ。就労準備性や精神症状よりも、本人の希望どおりに就労することを第一に支援を開始し、就労定着支援も行う。支援チームには就労と医療の両方の支援者が含まれており、支援内容に医療を含む点が特徴の一つとなっている。

★7　スキーマ

それまでの人生経験によって形成された中核的信念のこと。物事に対する認知に影響を与える。「失敗は許されない」というスキーマをもっている人は失敗をしたときに自分を責める傾向があり、一方で、「失敗は誰にでもある」というスキーマをもっている人は失敗を前向きに捉える傾向がある。認知行動療法の最終的な目標はスキーマの修正である。

★8　WRAP（元気回復行動プラン）

「いい感じの自分」を保つためのセルフケアプログラム。いい感じの自分を確認するための日常生活管理プラン、いい感じの自分に戻るための四つのプラン、危機的状況のときに信頼できるサポーターに活用してもらうクライシスプランの六つのプランからなるツールである。六つのプランは、WRAPクラスなどに参加し、自分で作成する。

★9　障害者雇用促進法

正式名称は障害者の雇用の促進等に関する法律。官公庁や民間企業等に対して一定の割合以上の障害者を雇用することなどを規定している。同法における精神障害者には精神障害者保健福祉手帳を取得していない精神疾患患者も含まれている。法定雇用率に算定されるのは、精神障害者保健福祉手帳を取得している者のみである。

★10　障害者雇用率

障害者雇用促進法により企業や地方公共団体等に義務づけられている障害者の雇用割合のこと。障害者雇用率に算定されるのは、身体障害者、知的障害者、精神障害者保健福祉手帳を取得している精神障害者である。厚生労働省は毎年、対象企業の法定雇用率達成状況を調査し、未達成企業に対する達成指導を行っている。

★11　般化

構造化された環境でできることを、構造化されていない環境でもできるようになること。具体的には、料理教室で学んだ料理を料理教室以外の場所で作れるようになることや、ロールプレイでできたことを実生活でもできるようになることなどをいう。

★12　認知機能障害

認知機能（記憶、学習、判断、理解など、物事に対する認識やそのときの状況に合わせて物事を実行する脳の機能）の障害で、一つひとつの作業を統合して一つのまとまりのある作業として組み立てることができなかったり、場所や道具が変わると能力的にはできるはずの作業そのものができなくなったりする。

★13　援助付き雇用プログラム

職業訓練の有無にかかわらず、事業主と雇用契約を結び、その職場に支援者が同行して就労支援および就労定着支援を行う方法。IPSやジョブコーチによる支援を含む。環境が変わるとできるはずのことができなくなってしまうクライエントに有効で、クライエントを取り巻く職場環境への働きかけも同時に行うことができる。

★14　復職支援

精神疾患により休職中の人が復職する際の支援のこと。リワーク支援ともいう。本人、事業主、主治医の三者合意の下で行う。心身が十分回復した後に、再発防止などの復職に向けた準備プログラムを行う。その後、段階的に負荷をかけて就労への適応力を高めていくリハビリ出勤などを行いながら、本人と事業主、その他の関係者等を含めた環境調整を行う。

★15　障害者雇用納付金

常時雇用している労働者が100人を超える事業主が、障害者雇用率が未達成の場合に納付しなければならない納付金のこと。徴収された障害者雇用納付金は、法定雇用率を上回る人数の障害者を雇用している企業への障害者雇用調整金および報奨金や、障害者を雇用するための助成金として活用される。

★16 EE

家族が患者本人に対して表出する感情に関する評価尺度。面接における家族の言葉から、「敵意」「批判」「情緒的巻き込まれすぎ」の感情を表している言葉を選びとる。そのいずれかの感情表出が高い状態を高EE、すべてが低い状態を低EEと呼ぶ。統合失調症の再発率は、高EEの家族の元では高く、低EEの家族の元では低いとされている。

★17 当事者研究

「自分の研究者になる」ことを理念とした自助活動のこと。源流は北海道の浦河べてるの家の取り組みである。自分の経験のすべてを「大切な苦労」として捉え、そのなかから「研究テーマ」を選び、生きやすくするための方法（自分を助ける方法）を創造していくプロセスとして展開される。

★18 CRAFT

依存症の家族などへの介入プログラム。家族などの行動（患者へのかかわり方）を変えることにより、患者本人の行動に変化を起こすことが目的となる。未受診者を受診につなげたり、患者の望ましくない行動（依存物質の使用など）を減らしたりすることが期待される。

★19 ピアサポーター

「仲間」として助けになる存在のこと。ピアは「仲間」を示している。2002年に大阪府は独自の事業として精神障害者ピアヘルパー等養成事業を開始した。その後、自治体ごとに開催されていたピアサポーター養成は、2020年に障害者総合支援法における地域生活支援事業の障害者ピアサポート研修事業に位置づけられた。

★20 オープンダイアローグ

緊急時に24時間以内に精神科アウトリーチチームが訪問し、対話を重視した治療ミーティングを提供するという、フィンランド発祥の実践モデルのこと。治療の要は治療ミーティングであり、２名以上のセラピスト、本人、家族などで、「開かれた対話」を継続することを重視している。

★21 SMARPP

薬物依存症の治療プログラムの一つ。ワークブックを使って、16～28回程度を１クールとし、集団で学ぶ形式をとることが多い。2016年度の診療報酬改定以降、薬物に関する「依存症集団療法」として、診療報酬を算定できるようになった。

★22 回復支援施設

依存症からの回復を目的に、通所または入所する施設。薬物依存症のDARC（ダルク）、アルコール依存症のMAC（マック）などがある。アルコールや薬物への渇望感が強い場合や、自助グループだけではサポートが難しい場合に有効とされる。生活支援や就労支援なども行う。

第6章

精神保健福祉制度論

1 精神障害者に関する法律の体系

問題1 負傷、疾患、老齢、死亡などを、社会保険における「保険事故」という。

問題2 所得に応じて保険料などの負担額に差を設ける目的は、累進課税である。

問題3 私保険には、所得再分配とリスク分散の機能がある。

問題4 障害基礎年金などの社会扶助による経済的給付は、経済状況に応じた保険料の負担の下に受けることができる。

問題5 社会保障における共助とは社会保険、公助とは社会扶助のことである。

問題6 社会保険よりも社会扶助のほうが国民からのコンセンサスを得やすい。

問題7 公的扶助および社会手当は、税方式で運用されている。

問題8 障害基礎年金の受給者の国民年金保険料は、原則、普通徴収となる。

問題9 生活保護の支給決定前にミーンズテストを要する根拠は、「保護の補足性の原理」にある。

問題10 1993年に心身障害者対策基本法が改正され、身体障害者基本法が成立した。

問題11 1919年の精神病院法制定は、精神保健医療分野における社会防衛を弱めるものではなかった。

問題12 精神障害者を障害者として初めて位置づけたのは、精神保健福祉法である。

問題13 精神保健福祉法が成立したのは、障害者基本法の成立よりも後である。

問題14 障害者福祉において、措置制度から選択契約方式への転換点となったのは、2003年の支援費制度である。

問題15 精神障害者は、支援費制度の対象者に含まれていなかった。

問題16 障害者政策委員会は、障害者権利条約に則って設置されている。

問題17 都道府県障害者計画の策定は、障害者基本法に規定されている。

解答1 ○ 負傷、疾患、老齢、死亡などを、社会保険における「**保険事故**」という。

解答2 × 所得に応じて保険料などの負担額に差を設ける目的は、**所得再分配**である。

解答3 × **社会保険**には、所得再分配とリスク分散の機能がある。

解答4 × 障害基礎年金などの**社会保険方式**による経済的給付は、経済状況に応じた保険料の負担の下に受けることができる。

解答5 ○ 社会保障における共助とは社会**保険**、公助とは社会**扶助**のことである。

解答6 × 社会**扶助**よりも社会**保険**のほうが国民からのコンセンサスを得やすい。

解答7 ○ 公的扶助および社会手当は、**税**方式で運用されている。

解答8 × 障害基礎年金の受給者の国民年金保険料は、原則、**法定免除**となる。

解答9 ○ 生活保護の支給決定前にミーンズテストを要する根拠は、「保護の**補足性**の原理」にある。

解答10 × 1993年に心身障害者対策基本法が改正され、**障害者基本法**が成立した。

解答11 ○ 1919年の精神病院法制定は、精神保健医療分野における社会防衛を弱めるもので**はなかった**。

解答12 × 精神障害者を障害者として初めて位置づけたのは、**障害者基本法**である。

解答13 ○ 精神保健福祉法が成立したのは、障害者基本法の成立よりも**後**である。

解答14 ○ 障害者福祉において、措置制度から選択契約方式への転換点となったのは、**2003**年の**支援費制度**である。

解答15 ○ 精神障害者は、支援費制度の対象者に含まれて**いなかった**。

解答16 × 障害者政策委員会は、**障害者基本法**に則って設置されている。
(21-63)

解答17 ○ 都道府県障害者計画の策定は、**障害者基本法**に規定されている。
(24-62)

問題18 障害者基本法には、精神障害者の長期入院解消に関する規定がない。

問題19 障害者権利条約では、「障害は社会ではなく個人にある」という社会モデルの視点が提示された。

問題20 障害者総合支援法の基本理念には、「社会的障壁の除去」が含まれている。

問題21 精神保健福祉法では、精神障害者の社会復帰や社会参加の実現を、国および地方公共団体、医療施設の設置者の義務であるとしている。

問題22 1999年の精神保健福祉法の一部改正により、精神障害者居宅生活支援事業の申請窓口は、市町村から保健所へ移管された。

問題23 福祉サービスの利用料における自己負担について、障害者自立支援法を機に応能負担から応益負担になった。

問題24 福祉サービスの利用料における自己負担について、障害者総合支援法を機に応益負担から応能負担になった。

問題25 障害者総合支援法は、2013年の障害者自立支援法の廃止により創設された。

問題26 長期入院者の地域移行支援が本格化したのは、2003年の精神障害者退院促進支援事業以降である。

問題27 精神障害者地域移行・地域定着支援事業においては、積極的に全国精神障害者家族会連合会が活用された。

問題28 発達障害者および難病患者は、障害者総合支援法の対象に含まれている。

問題29 訓練等給付には、就労移行支援、就労継続支援、共同生活援助などがある。

問題30 視覚障害者の外出支援を行う行動援護は、障害児も利用することができる。

問題31 自立支援医療は、精神通院医療、更生医療、育成医療の三つである。

問題32 精神通院医療の対象者は、精神障害者保健福祉手帳の交付を受けた者に限定されている。

問題33 自立支援医療は、障害の程度に応じて医療費の自己負担に上限を設けるものである。

解答18 ○ 障害者基本法には、精神障害者の長期入院解消に関する規定がない。
(25-62)

解答19 × 障害者権利条約では、「障害は個人ではなく社会にある」という社会モデルの視点が提示された。

解答20 ○ 障害者総合支援法の基本理念には、「社会的障壁の除去」が含まれている。

解答21 × 精神保健福祉法では、精神障害者の社会復帰や社会参加の実現を、国および地方公共団体、医療施設の設置者の努力義務であるとしている。
(24-18)

解答22 × 1999年の精神保健福祉法の一部改正により、精神障害者居宅生活支援事業の申請窓口は、保健所から市町村へ移管された。

解答23 ○ 福祉サービスの利用料における自己負担について、障害者自立支援法を機に応能負担から応益負担★1になった。

解答24 ○ 福祉サービスの利用料における自己負担について、障害者総合支援法を機に応益負担から応能負担になった。

解答25 × 障害者総合支援法は、2013年の障害者自立支援法の改正により創設された。

解答26 ○ 長期入院者の地域移行支援が本格化したのは、2003年の精神障害者退院促進支援事業★2以降である。

解答27 × 精神障害者地域移行・地域定着支援事業においては、積極的にピアサポーターが活用された。

解答28 ○ 発達障害者および難病患者は、障害者総合支援法の対象に含まれている。

解答29 ○ 訓練等給付には、就労移行支援、就労継続支援、共同生活援助などがある。
(24-73)

解答30 × 視覚障害者の外出支援を行う同行援護は、障害児も利用することができる。
(24-73)

解答31 ○ 自立支援医療は、精神通院医療、更生医療、育成医療の三つである。

解答32 × 精神通院医療の対象者は、精神障害者保健福祉手帳の交付を受けた者に限定されていない。
(23-8)

解答33 × 自立支援医療は、世帯および本人の課税状況等に応じて医療費の自己負担に上限を設けるものである。
(24-63)

問題34 自立支援医療受給者の医療費について、自己負担割合は原則２割である。

問題35 精神通院医療の要否に関する判定を行うのは、精神医療審査会である。

問題36 地域生活支援事業にかかる費用について、国は２分の１以内で補助を行う。

問題37 介護給付と訓練等給付等をまとめて自立支援給付という。

問題38 障害福祉サービスの利用に関する申請受理および支給決定は、都道府県が行う。

問題39 自立訓練では、一人暮らしに必要な力を補うために定期的な巡回や相談対応などを行う。

問題40 自立生活援助の利用期間は、原則１年である。

問題41 療養介護は、利用者の自宅において実施される。

問題42 就労継続支援には、雇用型のＡ型と非雇用型のＢ型がある。

問題43 就労定着支援は、一般就労へ移行した人に対し、生活面の課題にも対応した支援を行う。

問題44 地域活動支援センターは、自立支援給付の一つに位置づけられている。

問題45 地域活動支援センターの利用には、障害支援区分の認定が必要ではない。

問題46 生活介護の利用には、障害支援区分の認定が必要である。

問題47 共同生活援助の利用には、障害支援区分の認定が必要である。

問題48 サービス等利用計画案は、支給決定後に提出する。

問題49 サービス管理責任者は、サービス等利用計画を作成する。

問題50 地域生活支援事業における意思疎通支援事業は、市町村の必須事業である。

解答34 × 自立支援医療受給者の医療費について、自己負担割合は原則1割である。
(24-63)

解答35 × 精神通院医療の要否に関する判定を行うのは、**精神保健福祉センター**である。
(24-63)

解答36 ○ 地域生活支援事業にかかる費用について、国は**2分の1**以内で補助を行う。

解答37 ○ 介護給付と訓練等給付等をまとめて**自立支援給付**という。

解答38 × 障害福祉サービスの利用に関する申請受理および支給決定は、**市町村**が行う。

解答39 × **自立生活援助**★3では、一人暮らしに必要な力を補うために定期的な巡回や相談対応などを行う。
(25-75)

解答40 ○ 自立生活援助の利用期間は、原則**1**年である。

解答41 × 療養介護は、**医療機関**において実施される。
(21-74)

解答42 ○ 就労継続支援には、**雇用**型のA型と**非雇用**型のB型がある。

解答43 ○ 就労定着支援は、一般就労へ移行した人に対し、**生活面**の課題にも対応した支援を行う。

解答44 × 地域活動支援センターは、**地域生活支援事業**の一つに位置づけられている。

解答45 ○ 地域活動支援センターの利用には、障害支援区分の認定が必要で**はない**。
(22-63)

解答46 ○ 生活介護の利用には、障害支援区分の認定が必要で**ある**。

解答47 × 共同生活援助の利用には、障害支援区分の認定が必要で**はない**。

解答48 × サービス等利用計画案は、支給決定**前**に提出する。
(25-79)

解答49 × サービス管理責任者は、**個別支援計画**を作成する。
(22-45)

解答50 ○ 地域生活支援事業における意思疎通支援事業は、**市町村**の**必須**事業である。

問題51 地域生活支援事業における成年後見制度利用支援事業では、申立て等に必要な費用の助成ができる。

問題52 サービス等利用計画には、インフォーマルな支援を含まない。

問題53 障害支援区分は、6段階である。

問題54 障害支援区分の認定調査における調査項目には、行動障害に関する項目が含まれていない。

問題55 障害支援区分の決定における二次判定は、必要に応じて行われる。

問題56 サービス等利用計画は、介護給付および訓練等給付の利用者の全員に作成しなければならない。

問題57 障害者総合支援法に基づくサービスの利用料に関する自己負担には、上限額が設定されている。

問題58 精神保健福祉法に基づく福祉工場や授産施設などの精神障害者社会復帰施設は、障害者自立支援法の施行とともにその規定が法定化された。

❷ 精神障害者の医療に関する制度

1 精神保健福祉法の概要と精神保健福祉士の役割

問題59 1987年に改正された精神保健法により、精神障害者保健福祉手帳制度が創設された。

問題60 国民の精神的健康の保持は、精神保健福祉法の目的に含まれている。

問題61 精神障害者に対する理解を深め、その社会参加に協力することは、行政の義務である。

問題62 都道府県には、精神科病院の設置義務がある。

問題63 知的障害者は、精神障害者保健福祉手帳制度の対象外である。

問題64 精神障害者保健福祉手帳は、初診から1年6か月以上経過しなければ取得できない。

問題65 精神障害者保健福祉手帳の交付は、厚生労働大臣が行う。

問題66 精神障害により日常生活が著しく制限されている状態は、精神障害者保健福祉手帳の2級に相当する。

解答51 ○ 地域生活支援事業における成年後見制度利用支援事業では、申立て等に必要な費用の助成ができる。

解答52 × サービス等利用計画には、インフォーマルな支援を**含む**。

解答53 ○ 障害支援区分は、6段階である。
(18-61)

解答54 × 障害支援区分の認定調査における調査項目には、行動障害に関する項目が含まれている。

解答55 × 障害支援区分の決定における二次判定は、**申請者全員に必ず**行われる。

解答56 ○ サービス等利用計画は、介護給付および訓練等給付の利用者の**全員**に作成しなければならない。
(24-73)

解答57 ○ 障害者総合支援法に基づくサービスの利用料に関する自己負担には、上限額が設定されている。
(23-73)

解答58 × 精神保健福祉法に基づく福祉工場や授産施設などの精神障害者社会復帰施設は、障害者自立支援法の施行とともにその規定が**削除**された。

解答59 × 1995年に改正された**精神保健福祉法**により、精神障害者保健福祉手帳制度が創設された。
(25-1)

解答60 ○ 国民の精神的健康の保持は、精神保健福祉法の目的に含まれて**いる**。

解答61 × 精神障害者に対する理解を深め、その社会参加に協力することは、**国民の義務**である。

解答62 ○ **都道府県**には、精神科病院の設置義務がある。

解答63 ○ 知的障害者は、精神障害者保健福祉手帳制度の**対象外**である。
(18-73)

解答64 × 精神障害者保健福祉手帳は、初診から**6か月**以上経過しなければ取得できない。
(21-61)

解答65 × 精神障害者保健福祉手帳の交付は、**都道府県知事および指定都市市長**が行う。
(21-61)

解答66 ○ 精神障害により日常生活が著しく制限されている状態は、精神障害者保健福祉手帳の**2**級に相当する。

問題67 1987年の精神衛生法から精神保健法への改正により、同意入院は任意入院へと改称された。

問題68 精神保健福祉法の入院形態において、自発的入院は任意入院のみである。

問題69 任意入院への同意は、口頭または書面で得なければならない。

問題70 精神保健指定医は、任意入院者の申し出による退院を12時間に限って制限することができる。

問題71 任意入院者の入院への同意は、入院中も定期的に書面にて得なければならない。

問題72 措置入院の対象は、自傷他害のおそれがある精神障害者である。

問題73 措置入院は、2名以上の精神保健指定医の診察結果が一致した場合に実施される。

問題74 措置入院は、精神保健指定医の権限により実施される。

問題75 72時間以内の入院であれば、1名の精神保健指定医の診察により緊急措置入院の手続きをとることができる。

問題76 措置入院の費用には医療保険制度が適用され、自己負担分については公費負担となる。

問題77 措置入院の解除は、精神科病院の管理者が行う。

問題78 家族等が不在または意思表示ができない場合は、都道府県知事の同意に基づき医療保護入院の手続きをとることができる。

問題79 医療保護入院は、都道府県知事の権限により実施される。

問題80 後見人および保佐人は、被後見人および被保佐人の医療保護入院に関する同意ができない。

問題81 医療保護入院の入退院があった場合には、10日以内に最寄りの保健所長を通じて都道府県知事へ届出を行わなければならない。

問題82 自傷他害のおそれはないが入院の必要があり、本人および家族等の誰からも同意がない場合、緊急入院の適用ができる。

解答67 × 1987年の精神衛生法から精神保健法への改正により、同意入院は**医療保護入院**へと改称された。

解答68 ○ 精神保健福祉法の入院形態において、自発的入院は**任意入院のみ**[★4]である。

解答69 × 任意入院への同意は、**書面**で得なければならない。

解答70 × 精神保健指定医は、任意入院者の申し出による退院を**72**時間に限って制限することができる。
(23-10)

解答71 ○ 任意入院者の入院への同意は、入院中も定期的に**書面**にて得なければならない。

解答72 ○ **措置入院**[★5]の対象は、自傷他害のおそれが**ある**精神障害者である。
(19-61)

解答73 ○ 措置入院は、**2**名以上の精神保健指定医の診察結果が一致した場合に実施される。

解答74 × 措置入院は、**都道府県知事**の権限により実施される。
(23-61)

解答75 ○ **72**時間以内の入院であれば、1名の精神保健指定医の診察により**緊急措置入院**[★6]の手続きをとることができる。

解答76 ○ 措置入院の費用には医療保険制度が適用され、自己負担分については**公費**負担となる。

解答77 × 措置入院の解除は、**都道府県知事**が行う。
(26-61)

解答78 × **家族等**[★7]が不在または意思表示ができない場合は、**市町村長**の同意に基づき医療保護入院の手続きをとることができる。

解答79 × **医療保護入院**[★8]は、**精神科病院の管理者**の権限により実施される。
(26-61)

解答80 × 後見人および保佐人は、被後見人および被保佐人の医療保護入院に関する同意が**できる**。
(21-62)

解答81 ○ 医療保護入院の入退院があった場合には、**10**日以内に最寄りの保健所長を通じて都道府県知事へ届出を行わなければならない。
(20-61)

解答82 × 自傷他害のおそれはないが入院の必要があり、本人および家族等の誰からも同意がない場合、**応急入院**[★9]の適用ができる。
(24-9)

問題83 移送とは、精神障害者を緊急措置入院または措置入院させるために指定医療機関へ搬送する制度である。

問題84 応急入院は、やむを得ない場合、特定医師による診察に基づいて実施することができる。

問題85 応急入院は、都道府県知事が指定する精神科病院の管理者の権限により実施される。

問題86 いかなる場合でも、精神科病院の入院患者に信書の発受を制限することはできない。

問題87 医療保護入院および措置入院の定期病状報告書は、最寄りの保健所長を通じて厚生労働大臣に対して行う。

問題88 退院請求および処遇改善請求の方法は、書面によるものに限られている。

問題89 精神医療審査会は、精神障害者の保健または福祉に関する学識経験を有する者１名以上を含めた５名の合議体である。

問題90 精神医療審査会と精神保健指定医制度は、いずれも1987年の精神保健法への改正時に新設された。

問題91 精神科病院の管理者に入院患者の退院を命じることができるのは、精神医療審査会である。

問題92 精神保健指定医の資格は、５年ごとの更新制である。

問題93 ４年以上診断または治療に従事し、そのうち２年以上が精神障害の診断または治療に従事した経験である医師を、特定医師という。

問題94 精神保健指定医の職務には、みなし公務員としての職務が含まれている。

問題95 身体的拘束および12時間以上の隔離は、精神科病院の管理者による指示が必要である。

問題96 2012年に施行された精神保健福祉法改正により、保健所に精神科救急医療体制整備の努力義務が規定された。

問題97 都道府県および指定都市は、精神科救急医療体制連絡調整委員会を設置することができる。

問題98 都道府県は、精神保健福祉センターに精神保健福祉相談員を配置しなければならない。

解答83 × 移送とは、精神障害者を医療保護入院または応急入院させるために指定医療機関へ搬送する制度である。

解答84 (22-70) ○ 応急入院は、やむを得ない場合、特定医師による診察に基づいて実施することができる。

解答85 (22-70) ○ 応急入院は、都道府県知事が指定する精神科病院の管理者の権限により実施される。

解答86 (25-27) ○ いかなる場合でも、精神科病院の入院患者に信書の発受を制限することはできない。

解答87 (23-61) × 医療保護入院および措置入院の定期病状報告書は、最寄りの保健所長を通じて都道府県知事に対して行う。

解答88 (22-61) × 退院請求および処遇改善請求の方法は、書面によるものに限られていない。

解答89 (24-61) ○ 精神医療審査会★10は、精神障害者の保健または福祉に関する学識経験を有する者1名以上を含めた5名の合議体である。

解答90 ○ 精神医療審査会と精神保健指定医制度は、いずれも1987年の精神保健法への改正時に新設された。

解答91 (24-61) × 精神科病院の管理者に入院患者の退院を命じることができるのは、都道府県知事である。

解答92 ○ 精神保健指定医の資格は、5年ごとの更新制である。

解答93 ○ 4年以上診断または治療に従事し、そのうち2年以上が精神障害の診断または治療に従事した経験である医師を、特定医師という。

解答94 ○ 精神保健指定医の職務には、みなし公務員としての職務が含まれている。

解答95 (22-71) × 身体的拘束および12時間以上の隔離は、精神保健指定医による指示が必要である。

解答96 (19-26) × 2012年に施行された精神保健福祉法改正により、都道府県に精神科救急医療体制整備の努力義務が規定された。

解答97 × 都道府県および指定都市は、精神科救急医療体制連絡調整委員会を設置しなければならない。

解答98 × 都道府県は、精神保健福祉センターに精神保健福祉相談員を配置することができる。

問題99 地域精神保健福祉業務の中心的な行政機関は、保健所である。

問題100 保健所は、都道府県が実施する精神障害者に対する施策の技術的な支援を行う。

問題101 精神科病院の管理者は、すべての入院患者に対して、入院から7日以内に担当の退院後生活環境相談員を選任しなければならない。

問題102 退院後生活環境相談員1人当たりの担当患者数は、おおむね50人以下とされている。

問題103 推定される入院期間を超えた医療保護入院の必要性等について審議する場を設置するのは、退院後生活環境相談員である。

問題104 推定される入院期間を超えた医療保護入院の必要性等について審議する場のことを、医療保護入院者退院支援委員会という。

問題105 市町村長は、家庭裁判所に対し、精神障害者の法定後見等開始の申立てを行うことができる。

2 医療観察法の概要と精神保健福祉士の役割

問題106 医療観察法の目的は、病状改善・内省の促進および社会内処遇である。

問題107 医療観察法の対象行為は、重大な他害行為である殺人・放火・強盗・不同意性交等・不同意わいせつ・傷害の6罪種である。

問題108 医療観察法の対象者は、重大な他害行為を行ったが、精神障害により不起訴、無罪、刑の減軽となった心神喪失者または心神耗弱者である。

問題109 医療観察法の対象者は、20歳以上に限られていない。

問題110 医療観察法における手続きは、裁判官の申立てによって開始される。

問題111 医療観察法における医療の要否についての鑑定は、地方裁判所が指定する鑑定入院医療機関において行う。

問題112 医療観察法の処遇の3要件とは、疾病性、治療反応性、社会復帰要因である。

問題113 医療観察法における医療の要否についての鑑定期間は、原則6か月以内である。

解答99 ○ 地域精神保健福祉業務の中心的な行政機関は、保健所である。

解答100 × 保健所は、市町村が実施する精神障害者に対する施策の技術的な支援を行う。
(24-77)

解答101 × 精神科病院の管理者は、すべての医療保護入院者・措置入院者に対して、入院から7日以内に担当の退院後生活環境相談員[★11]を選任しなければならない。
(22-62)

解答102 ○ 退院後生活環境相談員1人当たりの担当患者数は、おおむね50人以下とされている。
(23-68)

解答103 × 推定される入院期間を超えた医療保護入院の必要性等について審議する場を設置するのは、精神科病院の管理者である。

解答104 ○ 推定される入院期間を超えた医療保護入院の必要性等について審議する場のことを、医療保護入院者退院支援委員会という。

解答105 ○ 市町村長は、家庭裁判所に対し、精神障害者の法定後見等開始の申立てを行うことができる。

解答106 × 医療観察法[★12]の目的は、病状改善・再発予防および社会復帰の促進である。
(26-68)

解答107 ○ 医療観察法の対象行為は、重大な他害行為である殺人・放火・強盗・不同意性交等・不同意わいせつ・傷害の6罪種である。
(26-68)

解答108 ○ 医療観察法の対象者は、重大な他害行為を行ったが、精神障害により不起訴、無罪、刑の減軽となった心神喪失者または心神耗弱者である。
(16-67)

解答109 ○ 医療観察法の対象者は、20歳以上に限られていない。

解答110 × 医療観察法における手続きは、検察官の申立てによって開始される。

解答111 × 医療観察法における医療の要否についての鑑定は、厚生労働省が指定する鑑定入院医療機関において行う。
(22-67)

解答112 ○ 医療観察法の処遇の3要件とは、疾病性、治療反応性、社会復帰要因である。

解答113 × 医療観察法における医療の要否についての鑑定期間は、原則2か月以内である。
(25-66)

問題114 医療観察法に基づく鑑定入院の後に、保護観察所の社会復帰調整官による生活環境調査が行われる。

問題115 医療観察法に基づく鑑定入院においては、精神科治療を行う。

問題116 医療観察法に基づく鑑定入院においては、弁護士が付添人として選任される。

問題117 精神保健参与員は、医療観察法の鑑定期間内に開かれる当初審判において、福祉的な立場から対象者の処遇の要否等について意見を述べる。

問題118 精神保健参与員は、厚生労働大臣が作成した名簿に基づき、地方裁判所が選任する。

問題119 当初審判における合議体は、地方裁判所の裁判官と精神保健参与員で構成される。

問題120 医療観察法におけるMDT（多職種チーム）は、司法・医療・地域・行政の相互モデルを形成する。

問題121 医療観察法に基づく医療には、医療保険制度が適用される。

問題122 医療観察法に基づく入院処遇は、18か月程度を標準としている。

問題123 医療観察法に基づく入院処遇における退院の決定は、保護観察所が行う。

問題124 2023年4月1日時点において、指定入院医療機関の病床数は800床を下回っている。

問題125 指定入院医療機関における治療ステージは、前期、中期、後期に分けられる。

問題126 指定入院医療機関において3か月に1回程度開催されるケア会議では、CPA（ケアプログラムアプローチ）を用いる。

問題127 CPA会議を主催するのは、社会復帰調整官である。

問題128 2023年4月1日時点において、指定通院医療機関数は、人口100万人に対して3か所程度という必要数を大幅に上回っている。

問題129 医療観察法に基づく通院処遇は、原則2年間である。

解答114 × 医療観察法に基づく鑑定入院と同時に、保護観察所の社会復帰調整官[★13]による生活環境調査が行われる。

解答115 (22-67) ○ 医療観察法に基づく鑑定入院においては、精神科治療を行う。

解答116 (25-66) ○ 医療観察法に基づく鑑定入院においては、弁護士が付添人として選任される。

解答117 (25-67) ○ 精神保健参与員[★14]は、医療観察法の鑑定期間内に開かれる当初審判において、福祉的な立場から対象者の処遇の要否等について意見を述べる。

解答118 (22-64) ○ 精神保健参与員は、厚生労働大臣が作成した名簿に基づき、地方裁判所が選任する。

解答119 × 当初審判における合議体は、地方裁判所の裁判官と精神保健審判員[★15]で構成される。

解答120 ○ 医療観察法におけるMDT（多職種チーム）は、司法・医療・地域・行政の相互モデルを形成する。

解答121 × 医療観察法に基づく医療には、医療保険制度が適用されない。

解答122 ○ 医療観察法に基づく入院処遇は、18か月程度を標準としている。

解答123 (23-62) × 医療観察法に基づく入院処遇における退院の決定は、地方裁判所が行う。

解答124 × 2023年4月1日時点において、指定入院医療機関の病床数は800床を上回っている。

解答125 (17-69) × 指定入院医療機関における治療ステージは、急性期、回復期、社会復帰期に分けられる。

解答126 ○ 指定入院医療機関において3か月に1回程度開催されるケア会議では、CPA（ケアプログラムアプローチ）を用いる。

解答127 (25-67) ○ CPA会議を主催するのは、社会復帰調整官である。

解答128 ○ 2023年4月1日時点において、指定通院医療機関数は、人口100万人に対して3か所程度という必要数を大幅に上回っている。

解答129 (17-69) × 医療観察法に基づく通院処遇は、原則3年間である。

問題130 医療観察法に基づく通院処遇の延長は、社会復帰調整官の申立てにより審議される。

問題131 医療観察法に基づく通院処遇中に精神症状が悪化した場合は、医療観察法による入院加療が適用される。

問題132 社会復帰調整官は、医療観察法の通院処遇中の対象者に対して生活環境調整を行う。

3 精神障害者の医療に関する課題

問題133 アルコール依存症に関連して生じる飲酒運転や暴力、虐待、自殺などを、アルコール健康障害という。

問題134 アルコール健康障害対策推進基本計画では、アルコール健康障害の予防、治療、回復を切れ目なく支援することとしている。

問題135 近年、重度の障害がある人の意思決定支援は、能力不在推定から能力存在推定へと変化している。

問題136 障害福祉サービスの利用等に関する意思決定支援において、意思決定支援責任者は、相談支援専門員と兼務することができる。

問題137 2003年には、障害者自立支援法に基づく精神障害者退院促進支援事業により、長期入院者の退院促進が全国規模で開始された。

問題138 2005年の介護保険法改正において提案された地域包括ケアシステムは、2018年以降、精神保健福祉施策にも拡充された。

問題139 「精神障害にも対応した地域包括ケアシステム」における構築推進事業では、協議の場を設置するよう努める。

問題140 精神障害者へのアウトリーチ支援は、医療と生活の両側面から支援可能な多職種チームによって行われる。

問題141 障害者総合支援法に基づくアウトリーチ事業は、市町村地域生活支援事業における必須事業である。

❸ 精神障害者の生活支援に関する制度

1 相談支援制度と精神保健福祉士の役割

問題142 保健所における精神保健相談は、1965年の精神衛生法改正時に規定された。

問題143 指定特定相談支援事業所と指定一般相談支援事業所のいずれにおいても実施されるのは、計画相談支援である。

解答130 × 医療観察法に基づく通院処遇の延長は、保護観察所の長の申立てにより審議される。
(23-62)

解答131 × 医療観察法に基づく通院処遇中に精神症状が悪化した場合は、精神保健福祉法による入院加療が適用される。

解答132 × 社会復帰調整官は、医療観察法の通院処遇中の対象者に対して精神保健観察を行う。
(24-68)

解答133 × アルコール依存症に関連して生じる飲酒運転や暴力、虐待、自殺などを、アルコール関連問題という。
(23-16)

解答134 ○ アルコール健康障害対策推進基本計画では、アルコール健康障害の予防、治療、回復を切れ目なく支援することとしている。

解答135 ○ 近年、重度の障害がある人の意思決定支援は、能力不在推定から能力存在推定へと変化している。

解答136 ○ 障害福祉サービスの利用等に関する意思決定支援において、意思決定支援責任者は、相談支援専門員と兼務することができる。

解答137 × 2003年には、精神保健福祉法に基づく精神障害者退院促進支援事業により、長期入院者の退院促進が全国規模で開始された。

解答138 × 2005年の介護保険法改正において提案された地域共生社会は、2018年以降、精神保健福祉施策にも拡充された。

解答139 × 「精神障害にも対応した地域包括ケアシステム」における構築推進事業では、協議の場を設置しなければならない。

解答140 ○ 精神障害者へのアウトリーチ支援は、医療と生活の両側面から支援可能な多職種チームによって行われる。

解答141 × 障害者総合支援法に基づくアウトリーチ事業は、都道府県地域生活支援事業における必須事業である。

解答142 ○ 保健所における精神保健相談は、1965年の精神衛生法改正時に規定された。

解答143 × 指定特定相談支援事業所と指定一般相談支援事業所のいずれにおいても実施されるのは、基本相談支援である。

問題144 指定障害児相談支援事業を規定している法律は、児童福祉法である。

問題145 障害者の家族や介護者からの一般的な相談への対応は、基本相談支援に含まれている。

問題146 計画相談支援によるサービス等利用計画は、都道府県が主催する研修を修了したサービス管理責任者が作成する。

問題147 地域相談支援における地域移行支援の利用期間は、原則6か月以内である。

問題148 障害者支援施設の入所者は、地域相談支援における地域移行支援の対象ではない。

問題149 地域相談支援における地域定着支援の利用期限は、原則6か月以内である。

問題150 地域相談支援における地域定着支援の利用は、単身で生活している障害者に限定されていない。

問題151 グループホームに入居している者は、地域相談支援における地域定着支援を利用できる。

問題152 障害者相談支援事業は、市町村の地域生活支援事業における必須事業である。

問題153 基幹相談支援センターは、市町村において設置しなければならない。

問題154 障害者相談支援事業は、指定特定相談支援事業者または指定一般相談支援事業者に委託することができる。

問題155 虐待の防止および早期発見や障害者の権利擁護に関する事業は、障害者相談支援事業に含まれている。

問題156 地域包括支援センターは、障害種別にかかわらず、地域における相談支援の中核的な役割を担っている。

問題157 2023年4月の時点において、9割以上の市町村および都道府県が協議会を設置している。

問題158 サービス提供事業所の管理者は、ほかのサービス提供職員に対する助言や指導を行う。

問題159 相談支援専門員1人当たりの標準担当件数は、50件とされている。

解答144 ○ 指定障害児相談支援事業を規定している法律は、**児童福祉法**である。

解答145 ○ 障害者の家族や介護者からの一般的な相談への対応は、基本相談支援に含まれている。

解答146 × 計画相談支援によるサービス等利用計画は、都道府県が主催する研修を修了した**相談支援専門員**が作成する。
(23-26)

解答147 ○ 地域相談支援における地域移行支援の利用期間は、原則6か月以内である。

解答148 × 障害者支援施設の入所者は、地域相談支援における地域移行支援の対象である。
(16-44)

解答149 × 地域相談支援における地域定着支援の利用期限は、原則1年以内である。
(19-74)

解答150 ○ 地域相談支援における地域定着支援の利用は、単身で生活している障害者に限定されていない。

解答151 × グループホームに入居している者は、地域相談支援における地域定着支援を利用できない。

解答152 ○ 障害者相談支援事業は、市町村の地域生活支援事業における**必須事業**である。

解答153 × 基幹相談支援センターは、市町村において設置**することが望ましい**。

解答154 ○ 障害者相談支援事業は、指定特定相談支援事業者または指定一般相談支援事業者に委託することができる。

解答155 ○ 虐待の防止および早期発見や障害者の権利擁護に関する事業は、障害者相談支援事業に含まれている。

解答156 × **基幹相談支援センター**は、障害種別にかかわらず、地域における相談支援の中核的な役割を担っている。
(23-77)

解答157 ○ 2023年4月の時点において、9割以上の市町村および都道府県が協議会を設置している。

解答158 × **サービス管理責任者**は、ほかのサービス提供職員に対する助言や指導を行う。

解答159 × 相談支援専門員1人当たりの標準担当件数は、35件とされている。

問題160 基幹相談支援センターには、精神保健福祉士が必置である。

問題161 指定特定相談支援事業者の指定は、都道府県が行う。

2 居住支援制度と精神保健福祉士の役割

問題162 民間アパートや公営住宅などでの単身生活が可能な仕組みにより運営されている共同生活援助を、サテライト型という。

問題163 宿泊型自立訓練の利用は、原則１年間に限られている。

問題164 65歳以上で在宅生活が困難な高齢者が、市町村の措置に基づいて入所する施設を、軽費老人ホームという。

問題165 公営住宅の家賃は、地価に応じて設定される。

問題166 住宅入居等支援事業は、障害者相談支援事業に含まれている。

問題167 住宅入居等支援事業では、入居契約にかかる支援や入居後の相談対応、夜間を除く緊急対応などを行う。

問題168 住宅確保要配慮者には、高齢者や障害者のほかに、子育て世帯や外国人も含まれている。

問題169 住宅確保要配慮者の入居を拒まない住宅として、賃貸人が国土交通省に登録した住宅を、登録住宅という。

問題170 住宅確保要配慮者が登録住宅へ入居する際には、社会福祉協議会や社会福祉法人のサポートを受けることができる。

問題171 住宅セーフティネット法は、住宅確保要配慮者居住支援協議会を設置することができるとしている。

問題172 登録住宅の改修費や家賃債務保証料には、国や地方公共団体等からの補助がある。

3 就労支援制度と精神保健福祉士の役割

問題173 2023年６月の時点で民間企業に雇用されている障害者のうち、精神障害者が占める割合は約２割である。

問題174 子会社に雇用されている障害者を、親会社に雇用されているものとみなし、雇用率として算定できる制度を、特例子会社制度という。

解答160 ✕ 基幹相談支援センターには、精神保健福祉士が必置ではない。

解答161 ✕ 指定特定相談支援事業者の指定は、**市町村**が行う。
(24-76)

解答162 ○ 民間アパートや公営住宅などでの単身生活が可能な仕組みにより運営されている共同生活援助を、**サテライト型**という。
(17-75)

解答163 ○ 宿泊型自立訓練の利用は、原則1年間に限られている。
(23-73)

解答164 ✕ 65歳以上で在宅生活が困難な高齢者が、市町村の措置に基づいて入所する施設を、**養護老人ホーム**という。

解答165 ✕ 公営住宅の家賃は、**所得**に応じて設定される。

解答166 ○ 住宅入居等支援事業は、**障害者相談支援事業**に含まれている。

解答167 ✕ 住宅入居等支援事業では、入居契約にかかる支援や入居後の相談対応、**24時間体制での**緊急対応などを行う。
(16-75)

解答168 ○ 住宅確保要配慮者には、高齢者や障害者のほかに、**子育て世帯**や**外国人**も含まれている。

解答169 ✕ 住宅確保要配慮者の入居を拒まない住宅として、賃貸人が**都道府県等**に登録した住宅を、登録住宅という。

解答170 ✕ 住宅確保要配慮者が登録住宅へ入居する際には、**居住支援協議会**★16や**居住支援法人**★17のサポートを受けることができる。

解答171 ○ **住宅セーフティネット法**★18は、住宅確保要配慮者居住支援協議会を設置**することができる**としている。
(25-74)

解答172 ○ 登録住宅の**改修費**や**家賃債務保証料**には、国や地方公共団体等からの補助がある。

解答173 ○ 2023年6月の時点で民間企業に雇用されている障害者のうち、精神障害者が占める割合は約2割である。
(23-75)

解答174 ○ 子会社に雇用されている障害者を、親会社に雇用されているものとみなし、雇用率として算定できる制度を、**特例子会社制度**という。

問題175 5人以上の障害者を雇用する事業所においては、障害者雇用推進者を選任し、相談対応や雇用管理を行う。

問題176 ハローワークにおける障害者雇用の相談窓口には、障害者の相談に応じる雇用指導官、企業の相談に応じる職業相談員が配置されている。

問題177 精神障害者雇用トータルサポーターは、ハローワークにおいて精神障害者と事業主の両方に対し相談業務などを行う。

問題178 就職支援ナビゲーターは、障害者職業センターにおいて職業指導や職業評価を行う。

問題179 地域障害者職業センターは、就労を希望している障害者の特性に合わせた職業準備支援を行っている。

問題180 就業面と生活面の両方を支援するために、障害者雇用促進法に基づいて設置されている機関を、障害者就業・生活支援センターという。

問題181 働きがいのある人間らしい仕事の実現を目指すという考え方を、ワークライフバランスという。

問題182 一般の働く場でもなく福祉施設でもない、第三の働く場を、ソーシャルキャピタルという。

問題183 職場適応援助者（ジョブコーチ）は、円滑な就職と就労定着のために、障害者と企業の双方を支援する。

4 精神障害者の生活支援制度に関する課題

問題184 精神障害者の意思表示がいっそう求められるのは、医療機関よりも地域における相談支援場面である。

問題185 2023年４月の時点での市町村による住宅入居等支援事業の実施率は、20%よりも低い。

問題186 2023年９月末時点におけるセーフティネット住宅の登録戸数は、100万戸よりも多い。

問題187 障害福祉サービスが給付制度から補助金制度になったことで、事業所の運営における経営的側面がより重視されるようになった。

問題188 民間企業における精神障害者の雇用は、近年増加傾向にある。

問題189 就労移行支援におけるフォローアップの期間は、就職後１年間である。

解答175 ✕ 5人以上の障害者を雇用する事業所においては、**障害者職業生活相談員**を選任し、相談対応や雇用管理を行う。

解答176 ✕ ハローワークにおける障害者雇用の相談窓口には、障害者の相談に応じる**職業相談員**、企業の相談に応じる**雇用指導官**が配置されている。

解答177 ○ 精神障害者雇用トータルサポーターは、**ハローワーク**において精神障害者と事業主の両方に対し相談業務などを行う。

解答178 ✕ (22-80) **障害者職業カウンセラー**は、障害者職業センターにおいて職業指導や職業評価を行う。

解答179 ○ (22-79) **地域障害者職業センター**[★19]は、就労を希望している障害者の特性に合わせた**職業準備支援**を行っている。

解答180 ○ 就業面と生活面の両方を支援するために、障害者雇用促進法に基づいて設置されている機関を、**障害者就業・生活支援センター**[★20]という。

解答181 ✕ 働きがいのある人間らしい仕事の実現を目指すという考え方を、**ディーセント・ワーク**という。

解答182 ✕ 一般の働く場でもなく福祉施設でもない、第三の働く場を、**ソーシャルファーム（社会的企業）**という。

解答183 ○ (23-74) **職場適応援助者（ジョブコーチ）**[★21]は、円滑な就職と就労定着のために、障害者と企業の双方を支援する。

解答184 ○ 精神障害者の意思表示がいっそう求められるのは、**医療機関**よりも**地域**における相談支援場面である。

解答185 ○ 2023年4月の時点での市町村による住宅入居等支援事業の実施率は、20%よりも**低い**。

解答186 ✕ 2023年9月末時点におけるセーフティネット住宅の登録戸数は、100万戸よりも**少ない**。

解答187 ✕ 障害福祉サービスが**補助金制度**から**給付制度**になったことで、事業所の運営における経営的側面がより重視されるようになった。

解答188 ○ (23-75) 民間企業における精神障害者の雇用は、近年**増加**傾向にある。

解答189 ✕ 就労移行支援におけるフォローアップの期間は、就職後**半**年間である。

1 生活保護制度と精神保健福祉士の役割

問題190 近年の生活保護制度における保護率は、1.6％程度で推移している。

問題191 被保護世帯のうち、高齢者世帯が占める割合は、50％以上である。

問題192 既定の要件を満たす限り、貧困の理由に応じて保護を受けられることを、「無差別平等の原理」という。

問題193 生活保護世帯に、土地や不動産などの資産の保有が認められることもある。

問題194 生活保護制度における他法優先とは、ほかの法制度よりも生活保護法が優先されることである。

問題195 保護は、厚生労働大臣が定めた基準に従い、その不足分を補う程度で行われる。

問題196 精神障害者保健福祉手帳（1・2級）の所持者は、生活扶助における障害者加算の対象に含まれていない。

問題197 入院などにより借家を離れる場合、住宅扶助の支給が直ちに停止されるとは限らない。

問題198 入院患者日用品費は、1か月以上入院している者への医療扶助として、金銭にて給付される。

問題199 通院にかかる交通費については、移送費として医療扶助に含まれている。

問題200 救護施設は、医療扶助を目的とした入所施設である。

問題201 被保護世帯の収入認定について、稼働所得は控除の対象となる。

問題202 保護の決定等に関する審査請求先は、厚生労働大臣である。

問題203 保護の決定等に関する行政訴訟は、審査請求の裁決の前でなければ提起できない。

問題204 行政処分の取消しを行政事件訴訟として提起するために、事前に審査請求の裁決を経なければならないことを、審査請求前置主義という。

問題205 就労活動促進費とは、被保護者が職業に就き、安定した収入が得られ、保護が廃止されたときに支給されるものである。

解答190 ○ 近年の生活保護制度における保護率は、**1.6%**程度で推移している。

解答191 ○ 被保護世帯のうち、高齢者世帯が占める割合は、50%**以上**である。

解答192 × 既定の要件を満たす限り、貧困の理由**を問わず**保護を受けられることを、「無差別平等の原理」という。

解答193 ○ 生活保護世帯に、土地や不動産などの資産の保有が認められることも**ある**。

解答194 × 生活保護制度における他法優先とは、**生活保護法**よりも**ほかの法制度**が優先されることである。

解答195 ○ 保護は、**厚生労働大臣**が定めた基準に従い、その不足分を補う程度で行われる。

解答196 × 精神障害者保健福祉手帳（1・2級）の所持者は、生活扶助における障害者加算の対象に含まれて**いる**。
(25-64)

解答197 ○ 入院などにより借家を離れる場合、住宅扶助の支給が直ちに停止される**とは限らない**。

解答198 × 入院患者日用品費は、1か月以上入院している者への**生活扶助**として、金銭にて給付される。
(25-64)

解答199 ○ 通院にかかる交通費については、移送費として**医療扶助**に含まれている。
(21-65)

解答200 × 救護施設は、**生活扶助**を目的とした入所施設である。

解答201 ○ 被保護世帯の収入認定について、稼働所得は控除の対象と**なる**。

解答202 × 保護の決定等に関する審査請求先は、**都道府県知事**である。

解答203 × 保護の決定等に関する行政訴訟は、審査請求の裁決の**後**でなければ提起できない。

解答204 ○ 行政処分の取消しを行政事件訴訟として提起するために、事前に審査請求の裁決を経なければならないことを、**審査請求前置主義**★22という。

解答205 × **就労自立給付金**★23とは、被保護者が職業に就き、安定した収入が得られ、保護が廃止されたときに支給されるものである。

6 精神保健福祉制度論

問題206 被保護者就労支援事業では、就労のための生活習慣の形成や基礎技能の習得などを行う。

問題207 保護の実施機関は、自立支援プログラムにより、被保護者の就労、日常生活、社会生活における自立を支援する。

2 生活困窮者自立支援制度と精神保健福祉士の役割

問題208 生活困窮者自立支援法の目的は、生活保護に至る前段階における支援の強化である。

問題209 生活困窮者自立支援制度の実施主体は、市町村社会福祉協議会である。

問題210 被保護者は、原則として、生活困窮者自立支援制度の対象者に含まれない。

問題211 生活困窮者自立相談支援事業は、生活困窮者自立支援制度における任意事業である。

問題212 生活困窮者自立相談支援機関において、支援調整会議の開催や自立支援計画の策定などを行うのは、主として相談支援専門員である。

問題213 離職等により住宅を失った者に対し、一定期間に限って家賃費用を給付する制度を、住宅扶助という。

問題214 生活困窮者一時生活支援事業では、一定の住居をもたない生活困窮者に対し、一定期間に限って衣食住の提供や訪問などを行う。

問題215 子どもの学習・生活支援事業は、生活保護受給世帯を支援の対象に含んでいる。

問題216 生活困窮者自立支援制度の就労支援において、中間的就労は一般就労と福祉的就労の間に位置づけられている。

問題217 生活保護受給者等就労自立促進事業に関する相談窓口は、福祉事務所が設置することとされている。

3 低所得者への支援と精神保健福祉士の役割

問題218 生活福祉資金貸付の実施主体は、市町村社会福祉協議会である。

問題219 生活福祉資金貸付において、連帯保証人が必須であるのは、不動産担保型生活資金のみである。

解答206 × 被保護者就労準備支援事業では、就労のための生活習慣の形成や基礎技能の習得などを行う。

解答207 ○ 保護の実施機関は、自立支援プログラムにより、被保護者の就労、日常生活、社会生活における自立を支援する。

解答208 ○ 生活困窮者自立支援法の目的は、生活保護に至る前段階における支援の強化である。

解答209 × 生活困窮者自立支援制度の実施主体は、福祉事務所を設置している自治体である。

解答210 ○ 被保護者は、原則として、生活困窮者自立支援制度の対象者に含まれない。

解答211 × 生活困窮者自立相談支援事業は、生活困窮者自立支援制度における必須事業である。

解答212 × 生活困窮者自立相談支援機関において、支援調整会議の開催や自立支援計画の策定などを行うのは、主として相談支援員である。

解答213 × 離職等により住宅を失った者に対し、一定期間に限って家賃費用を給付する制度を、生活困窮者住居確保給付金★24という。

解答214 ○ 生活困窮者一時生活支援事業では、一定の住居をもたない生活困窮者に対し、一定期間に限って衣食住の提供や訪問などを行う。

解答215 ○ 子どもの学習・生活支援事業は、生活保護受給世帯を支援の対象に含んでいる。

解答216 ○ 生活困窮者自立支援制度の就労支援において、中間的就労は一般就労と福祉的就労の間に位置づけられている。

解答217 × 生活保護受給者等就労自立促進事業に関する相談窓口は、ハローワークが設置することとされている。

解答218 × 生活福祉資金貸付の実施主体は、都道府県社会福祉協議会である。

解答219 ○ 生活福祉資金貸付において、連帯保証人が必須であるのは、不動産担保型生活資金のみである。

問題220 総合支援資金および緊急小口資金の貸付を受ける場合は、生活困窮者自立相談支援事業による支援を受けることが要件となる。

問題221 無料低額宿泊所は、第一種社会福祉事業に位置づけられている。

問題222 日常生活の支援体制が整備されているとして都道府県知事が認めた無料低額宿泊所を、日常生活支援住居施設という。

問題223 日常生活支援住居施設は、住宅扶助を担う施設である。

問題224 無料低額診療所には、医療ソーシャルワーカーを配置することが望ましい。

問題225 国民健康保険料を滞納している場合、無料低額診療所での医療サービスを無料または低額で受けることができない。

問題226 日本司法支援センター（法テラス）では、収入が一定以下の者などへの無料法律相談や弁護士費用の立て替えなどを行っている。

4 精神障害者の経済的支援制度に関する課題

問題227 精神障害を理由に障害年金を受給している人のうち、最も多い障害等級は２級である。

問題228 20歳前障害の場合、障害年金の受給要件である保険料納付要件が問われない。

問題229 障害年金の受給の可否、等級、認定期間については、厚生労働省から委嘱された障害認定診査医員が決定する。

問題230 障害基礎年金の認定診査は、各都道府県での診査とされている。

問題231 障害年金の決定についての審査請求および再審査請求は、文書においてのみ、行うことができる。

問題232 国民年金へ任意加入していなかった期間に初診日があり、障害基礎年金１・２級に該当する学生等には、特別障害給付金が支給される。

問題233 厚生年金保険加入者で、障害厚生年金３級の障害よりやや軽い障害が残ったときには、特別障害者手当が支給される。

問題234 特別児童扶養手当と障害児福祉手当は、併給することができる。

問題235 精神疾患により離職した者は、雇用保険における特定理由離職者に該当しない。

解答220 ○ 総合支援資金および緊急小口資金の貸付を受ける場合は、**生活困窮者自立相談支援事業**による支援を受けることが要件となる。

解答221 × 無料低額宿泊所は、**第二種社会福祉事業**に位置づけられている。

解答222 ○ 日常生活の支援体制が整備されているとして都道府県知事が認めた無料低額宿泊所を、**日常生活支援住居施設**という。

解答223 × 日常生活支援住居施設は、**生活扶助**を担う施設である。

解答224 × 無料低額診療所には、医療ソーシャルワーカーを配置**しなければならない**。

解答225 × 国民健康保険料を滞納している場合、無料低額診療所での医療サービスを無料または低額で受けることが**できる**。

解答226 ○ **日本司法支援センター（法テラス）**では、収入が一定以下の者などへの無料法律相談や弁護士費用の立て替えなどを行っている。

解答227 ○ 精神障害を理由に障害年金を受給している人のうち、最も多い障害等級は２級である。

解答228 ○ 20歳前障害の場合、障害年金の受給要件である保険料納付要件が**問われない**。

解答229 × 障害年金の受給の可否、等級、認定期間については、**日本年金機構**から委嘱された障害認定診査医員が決定する。

解答230 × 障害基礎年金の認定診査は、**中央での一括診査**とされている。

解答231 × 障害年金の決定についての審査請求および再審査請求は、**文書または口頭**にて、行うことができる。

解答232 （23-64） ○ 国民年金へ任意加入していなかった期間に初診日があり、障害基礎年金１・２級に該当する学生等には、**特別障害給付金**が支給される。

解答233 （22-68） × 厚生年金保険加入者で、障害厚生年金３級の障害よりやや軽い障害が残ったときには、**障害手当金**が支給される。

解答234 ○ 特別児童扶養手当と障害児福祉手当は、併給することが**できる**。

解答235 × 精神疾患により離職した者は、雇用保険における特定理由離職者に該当する。

問題236 精神科デイ・ケアや精神科訪問看護の利用にかかる自己負担金は、自立支援医療の対象である。

問題237 高額療養費は、事前申請による適用ができる。

問題238 傷病手当とは、療養中に所得保障として健康保険から支給されるものである。

問題239 健康保険法における入院時食事療養費の支給対象は、特定長期入院被保険者である。

解答236 ○ 精神科デイ・ケアや精神科訪問看護の利用にかかる自己負担金は、自立支援医療の対象である。

(19-64)

解答237 ○ **高額療養費**★25は、事前申請による適用ができる。

解答238 × 傷病手当金とは、療養中に所得保障として健康保険から支給されるものである。

(22-78)

解答239 × 健康保険法における入院時生活療養費の支給対象は、特定長期入院被保険者である。

(24-64)

 試験問題が解きやすくなる用語一覧

★1　応益負担

福祉サービスの利用者の自己負担金に関する仕組みの一つ。応益負担では、利用者が受けたサービス量に応じて一定の割合の利用料を負担する。他方、応能負担では、所得に応じた負担上限月額が設定され、利用したサービス量にかかわらず、その上限額までで負担する。

★2　精神障害者退院促進支援事業

長期入院者の地域移行を促進するために2003年に開始された事業。2008年には精神障害者地域移行支援特別対策事業へと移行し、2012年には障害者自立支援法（現・障害者総合支援法）へと引き継がれた。現在は、指定一般相談支援事業所において、地域移行支援・地域定着支援として実施されている。

★3　自立生活援助

障害者支援施設等から一人暮らしに移行した障害者等について、生活力や理解力を補うために、一定期間、定期的な巡回訪問や随時のサポートを行う。障害者総合支援法における訓練等給付の一つ。2018年4月に新設された。

★4　任意入院

本人の同意に基づく入院。1987年に創設された。任意入院者は開放処遇を原則とし、退院の申し出があった場合は速やかに退院させなければならない。ただし、精神保健指定医が入院継続の必要性を認めた場合には、72時間に限り退院を制限できる。

★5　措置入院

２名以上の精神保健指定医が自傷他害のおそれありと認めた場合に、都道府県知事の権限により行われる非自発的入院。入院費に関しては医療保険が適用され、自己負担分については公費（国が４分の３、都道府県および指定都市が４分の１）で負担する。

★6　緊急措置入院

１名の精神保健指定医が自傷他害のおそれありと認めた場合に、72時間に限って行うことができる非自発的入院。２名以上の精神保健指定医が確保できない場合など、急速を要する状況において都道府県知事の権限により適用される。

★7　家族等

精神保健福祉法に基づく医療保護入院を実施するにあたり、本人に代わって同意することができるとされている者。具体的には、配偶者、親権者、扶養義務者、後見人または保佐人を指す。

★8　医療保護入院

精神保健指定医の判断と家族等の同意によって実施される非自発的入院。自傷他害のおそれはないが、入院加療が必要であり、本人の同意が得られない場合に適用される。同意し得る家族等が不在の場合には、市町村長の同意により実施でき

る。

★9　応急入院

自傷他害のおそれはないものの、直ちに入院加療が必要であり、本人と家族等の同意のいずれも得られない場合に、精神保健指定医の判断により72時間（特定医師の場合は12時間）に限って行われる非自発的入院。

★10　精神医療審査会

都道府県（指定都市）に設置が義務づけられている審査機関。入院患者の人権に配慮した処遇の確保を図るために、医療保護入院の届出、措置入院および医療保護入院の定期病状報告、入院患者等からの退院および処遇改善請求に関する審査等を行う。

★11　退院後生活環境相談員

医療保護入院者・措置入院者およびその家族等からの相談に応じ、退院促進や地域援助事業者等の紹介等を行う者。入院後７日以内に精神科病院または指定病院の管理者が選任する。１人につき、おおむね50人以下の入院者を担当する。

★12　医療観察法

正式名称は心神喪失等の状態で重大な他害行為を行った者の医療及び観察等に関する法律。心神喪失等により重大な他害行為を行った者に対し、継続的な医療の確保による病状改善・再発予防と社会復帰の促進を目的としている。重大な他害行為には、殺人・放火・強盗・不同意性交等・不同意わいせつ・傷害の６罪種があり、処遇には入院と通院がある。

★13　社会復帰調整官

精神保健福祉に関する専門職として保護観察所に配置され、医療観察制度の対象者への支援に従事する者。鑑定入院時の生活環境調査、入院処遇時の生活環境調整、通院処遇時の精神保健観察などの業務を行う。

★14　精神保健参与員

医療観察法に基づく審判において、福祉的な立場から意見を述べる者。相談援助業務に５年以上従事し研修会を受講した精神保健福祉士等の候補者名簿から、地方裁判所が選任、指定する。合議体を補助する立場で審判に関与する。

★15　精神保健審判員

医療観察法に基づく審判において、裁判官とともに合議体を構成する者。精神保健指定医のなかから、地方裁判所が任命する。合議体の審理により、入院処遇、通院処遇、不処遇のいずれかが決定する。

★16　居住支援協議会

住宅セーフティネット法に基づき、不動産関係団体、居住支援団体、地方公共団体で構成される協議会。住宅確保要配慮者および民間賃貸住宅の賃貸人の双方に対し、情報提供などの支援を行う。

★17　居住支援法人

居住支援活動を行うNPO法人等で、都道府県等の指定を受けている法人。住宅確保要配慮者の入居支援、入居後の生活支援、家賃債務保証などを行う。

★18 **住宅セーフティネット法**

正式名称は住宅確保要配慮者に対する賃貸住宅の供給の促進に関する法律。賃貸住宅の賃貸人と住宅の確保が困難な人をつなぐための法律となる。賃貸住宅の賃貸人は、住宅確保要配慮者の入居を拒まない賃貸住宅を都道府県等に登録することで、賃貸住宅の改修費等の補助、居住支援協議会や居住支援法人等による入居者への生活支援、家賃債務保証などを受けることができる。

★19 **地域障害者職業センター**

障害者雇用促進法の規定により、厚生労働大臣が全国52か所に設置している機関。障害者職業カウンセラーが配置され、職業評価、職業準備支援、職場適応援助者（ジョブコーチ）による支援、職場復帰支援、事業主への雇用管理等に対する支援などを行う。

★20 **障害者就業・生活支援センター**

障害者雇用促進法に基づき設置されている機関。社会福祉法人やNPO法人等が実施している。就業面における就職準備、就職活動、職場定着、事業所への雇用管理等に関する助言、生活面における日常生活および地域生活に関する助言などを一体的に行う。

★21 **職場適応援助者（ジョブコーチ）**

援助付き雇用プログラムなどを実践する専門職。地域障害者職業センターに所属する配置型、社会福祉法人などに所属する訪問型、企業などに所属する企業在籍型の三つの類型がある。1992年に開始された職域開発援助事業が、2002年に職場適応援助者支援事業として発展したことにより誕生した。

★22 **審査請求前置主義**

行政処分の取消しについて、行政事件訴訟を提起するためには、事前に審査請求の裁決を経なければならないとする考え方のこと。生活保護制度の場合、都道府県知事への審査請求、厚生労働大臣への再審査請求の裁決の後に、初めて訴訟を提起することができる。

★23 **就労自立給付金**

就労収入がある被保護者の収入を仮想的に積み立て、収入が安定して保護が廃止されたときに、その積み立て分を一括して支給する給付金。

★24 **生活困窮者住居確保給付金**

離職や廃業等の理由で住宅を失った、または失いそうな場合に、住宅を確保するために支給される給付金。原則3か月間、最大9か月間まで延長可。生活困窮者自立支援法に基づく必須事業となっている。

★25 **高額療養費**

医療費の自己負担額に、所得等に応じた上限を設ける制度。いったん窓口で自己負担分をすべて支払った後に払い戻しを受ける方法と、事前に限度額適用認定証の交付を受け、窓口での負担額を高額療養費適用後の上限額に抑える方法の二つの手続きがある。

●著者紹介

松田尚子（まつだ・しょうこ）

九州医療専門学校精神保健福祉士通信学科専任教員
精神保健福祉士、社会福祉士、公認心理師
修士（農学）、山口大学大学院農学研究科修了
修士（社会福祉学）、佛教大学大学院社会福祉学研究科修了

高齢者デイサービス、重度心身障害者施設、精神科病院勤務を経て、2020年より社会福祉士・精神保健福祉士の養成課程教員として勤務。学校教務の番外編として「解答テクニック」に特化したオンラインセミナーも主宰し、科目によって攻略の仕方が変わる「得点につながる勉強法」を受験生に紹介している。

〈参考文献〉

最新 精神保健福祉士養成講座①精神医学と精神医療
最新 精神保健福祉士養成講座②現代の精神保健の課題と支援
最新 精神保健福祉士養成講座③精神障害リハビリテーション論
最新 精神保健福祉士養成講座④精神保健福祉制度論
最新 精神保健福祉士養成講座⑤精神保健福祉の原理
最新 精神保健福祉士養成講座⑥ソーシャルワークの理論と方法［精神専門］
（以上、中央法規出版、2021年）

■本書に関する訂正情報等について

弊社ホームページ（下記URL）にて随時お知らせいたします。
https://www.chuohoki.co.jp/foruser/mental/

■本書へのご質問について

下記のURLから「お問い合わせフォーム」にご入力ください。
https://www.chuohoki.co.jp/contact/

精神保健福祉士国家試験 合格一問一答〈専門科目〉 新出題基準対応版

2024年6月30日　発行

●編　集　中央法規精神保健福祉士受験対策研究会
●発行者　荘村明彦
●発行所　中央法規出版株式会社
〒110-0016　東京都台東区台東3-29-1　中央法規ビル
Tel 03-6387-3196
https://www.chuohoki.co.jp/
●印刷・製本　株式会社アルキャスト
●装幀・本文デザイン　木村祐一、濱野実紀（株式会社ゼロメガ）
●装幀キャラクター　坂木浩子

定価はカバーに表示してあります。
ISBN978-4-8243-0048-5

A048